増補改訂版

音が見える！
中国語
発音が しっかり
身につく本

劉 雅新　著

コスモピア

はじめに

　よく中国語は「発音が命」といわれます。特に日本人にとっては、漢字が共通している利点から、漢字を見れば何となく意味がわかるけれど、その分発音が難しいと感じている人が多くいるようです。実際、中国語の音には日本語にない音が多く、聞き慣れない母音やそり舌音を含める子音、有気音と無気音、そして中国語独特の四声など、難関の数々です。

　一般的に、中国語は発音から学習し始めることが多いのですが、その発音を一通り終えて会話を習い始めても、せっかくの楽しいはずの会話なのに、発音がしっかりできていないために通じずに挫折してしまう人も多いのです。

　そこで本書では、発音が大切という中国語の原点に立ち返って、日本人が難しいと感じる"e"や"ü"や声調のような難点に的をしぼって徹底分析し、集中的に訓練を重ねることができるように設計しました。難しいと感じる発音にしぼって学習を進めることで、より正確で自然な発音でスムーズな会話が交わされることを目標とするものです。本書は、これから発音を学習しようと思っている方、また一度発音を習ったけれどももう一度学習しなおしたいと思っている方の両方を対象としています。日本人にとって難しい発音をしっかり確認し、通じる発音を身につけていきましょう。

　本書の作成にあたって、元コスモピア編集部の川田直樹さん、コスモピア社長の坂本由子さんには大変お世話になりました。

著者　　劉　雅新

＊本書は2018年に刊行された『新装版 音が見える！ 中国語発音がしっかり身につく本』の増補改訂版です。

本書の3大特徴

❶ 日本人の発音しにくい音にしぼって学習が進められる。

　発音学習をより難しく感じさせていることのひとつに、「母音・子音」と「声調」を初めから組み合わせて学習しなければならないと考えてしまうところにあります。そこで本書では、第2章を「母音・子音」、第3章を「声調」とふたつに分け、特に日本人の苦手とされる部分にクローズアップし、集中的にトレーニングできるようになっています。また、第4章では文における発音のポイントを「声調」と「母音・子音」に分けて行っています。

❷ 声調をビジュアルでとらえる

　本書では、中国語発音で最も大切であるといわれる「声調」を視覚的にとらえることができるように、矢印を大きく見やすくしてあります。特に、2音節以上の単語やセンテンスでは、声調変化のある部分に色をつけており、長くつながったときにどのように音が変化するかを感じ取ることができます。

❸ 3ステップで文を少しずつ長くしていくから発音が定着する。

　第4章「音をつなげる3ステップトレーニング」では、主にパターンフレーズを使い、3ステップで徐々に文を長くしていくトレーニングをします。従来の発音本によく見られる短い1音節や2音節の練習だけではなく、それ以上の長いフレーズ、センテンスを用いることで、実際の会話で使うことができます。本書のメイン学習は発音ですが、文を組み立てながら発音練習をすることで、音をつなげる力がつき、話す感覚をつかむことができるはずです。

目次

基礎編

第1章 発音の全体像を知ろう！

1 声調

2 母音

3 子音21音 ………………………………… 24

4 音の組み合わせ ………………………… 26

第2章 日本人が苦手な母音・子音はここ！

1 単母音

2 複母音

第**3**章 日本人が苦手な声調はここ！

総合編

第**4**章 音をつなげる 3 ステップトレーニング！

ウォームアップ

▶ 決まり文句を言ってみよう

▶ 単語を組み合わせて言ってみよう

パターンフレーズ トレーニング

◀⑴ 音声の種類と学習の進め方について

　本書のダウンロードの音声は合計 608 個の mp3 音声があります。
ダウンロードした音声は以下の 5 つのフォルダに分かれています。
以下の「音声 1」は本書の説明に沿ったポイントの音声を収録しています。
　音声 2 〜 6 のフォルダは、同じ 100 個の基本フレーズをさまざまな読み方で収録しています。

音声 1　基礎編　第 1 章から第 3 章
[file 名 1_001 〜 1_108 ＊本文では s_001 と表示] ◀⑴ 約 33 分

音声 2　総合編　第 4 章 (slow)
[file 名 2_s_001-s_100 ＊本文では s_001 と表示] ◀⑴ 約 30 分

音声 3　総合編　第 4 章 (normal)
[file 名 3_n_001 〜 3_n_100 ＊本文では n_001 と表示] ◀⑴ 約 20 分

音声 4　総合編　第 4 章 (slow → normal)
[file 名 4_sn_001-sn_100 ＊本文では sn_001 と表示] ◀⑴ 約 50 分

音声 5　総合編　第 4 章 (日→中 normal)
[file 名 5_jcn_001-jcn_100 ＊本文では jcn_001 と表示] ◀⑴ 約 33 分

音声 6　会話付き 500 フレーズで総復習 (normal)
[file 名 6_c_001-c_100 ＊本文では c_001 と表示] ◀⑴ 約 40 分

　基礎編　第 1 〜 3 章では、音声 1 を聞きながら発音の全体像と難しい発音をチェックし、1 音節から 3 音節までを練習します。
　総合編　第 4 章では、音声 1・2・3 を聞きながらリピートします。ネイティブの発音とアクセントを正確に捉えるまで、スロースピードとノーマルスピードの音声をフルに使いながら何度も繰り返して練習してください。さらにその例文を聞きながら日本語から中国語にする練習もしてみましょう。
　そして最後の「会話付き 500 フレーズで総復習」では、音声 2 〜 5 で練習したフレーズにプラスしてキーフレーズを使った会話で、実践的な練習をしてみましょう。

［無料］音声ご利用方法

方法1 ストリーミング再生で聞く場合

面倒な手続きなしにストリーミング再生で聞くことができます。

※ストリーミング再生になりますので、通信制限などにご注意ください。
　また、インターネット環境がない状況でのオフライン再生はできません。

このサイトに
アクセスするだけ！ → **http://bit.do/otomieChinese**

❶ 上記サイトにアクセス！
スマホなら QR コード
をスキャン

**❷ アプリを使う場合は
SoundCloud に
アカウント登録** (無料)

方法2 パソコンで音声ダウンロードする場合

パソコンで mp3 音声をダウンロードして、スマホなどに取り込む
ことも可能です。（要アプリ）

❶ 下記のサイトにアクセス

https://www.cosmopier.com/download/

❷ パスワードの「C21004」を入力する

音声は PC の一括ダウンロード用圧縮ファイル（ZIP 形式）でのご提供です。解凍して
お使いください。

本書の特徴と構成

基礎編

第 **1** 章

「発音の全体像を知ろう！」

　入門の方も、やり直したい方もまずはこの章で中国語の発音がどのようなものかをおさえます。

音声ファイル番号。実際の音声ファイルには 1- がつき、1-001 となっています。

発音しにくい音は第 2、3 章で詳しく取り上げるためピンインに色をつけてあります。

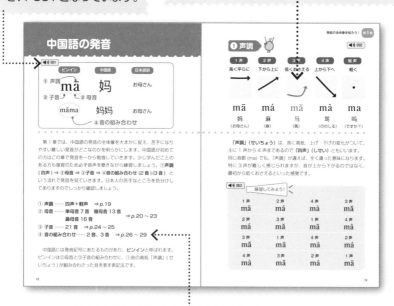

それぞれのページにとべるようにページを明記しています。

第**2**章

「日本人が苦手な母音・子音はここ!」

第1章でマークした難しい母音・子音をとりあげています。左ペー
ジの説明を読みながら、右ページで発音練習をします。

発音のポイントを1行で
簡潔に表しています。

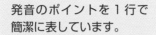

発音のコツを簡潔に
説明しています。

右ページでは、音声を聞
きながら練習をします。

第 **3** 章

「日本人が苦手な声調はここ！」

第1章でマークした難しい声調をとりあげています。左ページの説明を読みながら、右ページで声調の練習をします。

発音のポイントを1行で簡潔に表しています。

声調で注意しなければならないポイントを矢印で図示し説明しています。

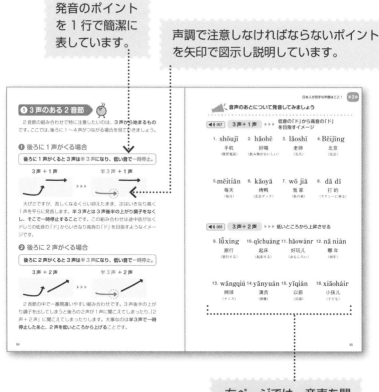

右ページでは、音声を聞きながら練習をします。

「音をつなげる３ステップトレーニング」

「フレーズ」と「センテンス」を用い、音をつなげていくトレーニングをします。ステップ１→２→３で少しずつ長くなっていきます。またパターンフレーズは「これは〜です」「あれは〜です」など、なるべく見開きで意味が対になるように配列しています。

パターンフレーズ＆音声ファイル番号
パターン番号と音声ファイル番号の下３桁の数字の部分は同じです。ここには４種類の音声があることを示しています。*p.10-11* を参照してください。

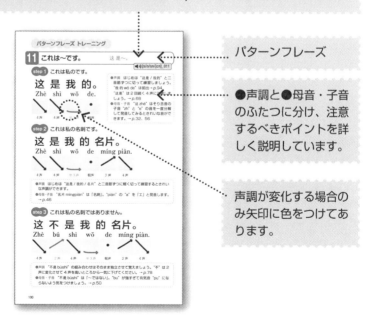

パターンフレーズ

●声調と●母音・子音のふたつに分け、注意するべきポイントを詳しく説明しています。

声調が変化する場合のみ矢印に色をつけてあります。

会話付き 500フレーズで総復習

第４章で学習したパターンフレーズをもとにして、キーになる表現、A
＆Bの会話に発展させる練習です。音声はノーマルスピードです。パ
ターンフレーズのあとに、会話が加わる形になっています。会話は日常
生活ですぐに使える実践的なものになっています。

キーになるパターンフレーズ

音声ファイルの番号です。実
際の音声ファイルには冒頭
に、音声フォルダの番号を表
す「6-」が付いています。

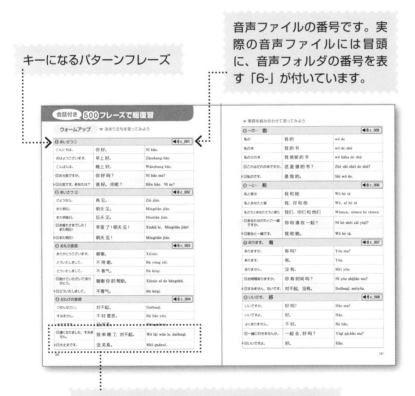

パターンフレーズのキーになる表現を会話にし
た実践的な練習です。実際にどのように使うの
かが、実感できる会話です。Aが女性、Bが男
性の声になっています。

基礎編

第 ① 章

発音の全体像を知ろう!

本章では、中国語の発音がどのような
ものなのかを概観します。もちろん、
説明を読むだけでなく、音声で発音練
習をしながら学習を進めてください。
色分けされた部分を見ながら、どの音
が難しいのかを確認しましょう。

中国語の発音

	ピンイン	中国語	日本語訳

① 声調 **mǎ** 妈 お母さん

③ 子音　　② 母音

māma 妈妈 お母さん

④ 音の組み合わせ

　第 1 章では、中国語の発音の全体像を大まかに捉え、苦手になりやすい難しい発音がどこなのかを明らかにします。中国語が初めての方はこの章で発音を一から勉強していきます。少し学んだことのある方も復習のため必ず音声を聴きながら練習しましょう。①**声調**（**四声**）⇒ ②**母音** ⇒ ③**子音** ⇒ ④**音の組み合わせ**（2 音）（3 音）という流れで発音を見ていきます。日本人の苦手なところを色分けしてありますのでしっかり確認しましょう。

① 声調 …… 四声＋軽声　⇒*p.19*
② 母音 …… 単母音 7 音　複母音 13 音
　　　　　　鼻母音 16 音　　　　　⇒*p.20 ～ 23*
③ 子音 …… 21 音　⇒*p.24 ～ 25*
④ 音の組み合わせ…… 2 音、3 音　⇒*p.26 ～ 29*

　中国語には発音記号にあたるものがあり、**ピンイン**と呼ばれます。ピンインは②母音と③子音の組み合わせに、①音の高低「声調」（せいちょう）が組み合わさった音を表す表記法です。

1 声調

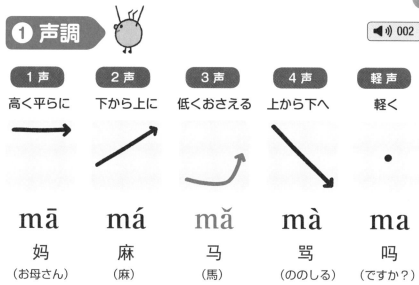

🔊 002

1声	2声	3声	4声	軽声
高く平らに	下から上に	低くおさえる	上から下へ	軽く
mā	má	mǎ	mà	ma
妈	麻	马	骂	吗
（お母さん）	（麻）	（馬）	（ののしる）	（ですか？）

「声調」（せいちょう）は、音に高低、上げ・下げの変化がついて、主に1声から4声まであるので**「四声」（しせい）**ともいいます。同じ音節(ma)でも、「声調」が違えば、全く違った意味になります。特に3声が難しく感じられますが、音が上から下がるのではなく、最初から低くおさえるといった感覚です。

🔊 003 **練習してみよう！**

1声	2声	4声	3声
mā	má	mà	mǎ
2声	**3声**	**1声**	**4声**
má	mǎ	mā	mà
3声	**1声**	**4声**	**2声**
mǎ	mā	mà	má
4声	**3声**	**2声**	**1声**
mà	mǎ	má	mā

❷ 母音

「あいまい母音」は第2章 p.32〜35で練習！

単母音 7音

a　o　e　i　u　ü　er

🔊 004

第2章 p.33,35で子音をつけて練習！

第2章 p.60,61で「ル化」音と比べて練習！

ひとつの音を意識して長く伸ばそう。"a" は「ア」じゃなく「アー」、"o" は「オ」じゃなく「オー」だよ。

・・・・・・・・・・・・・・・・・・・・・・・・・・

　母音は**単母音、複母音、鼻母音**の3つからなっています。まず単母音ですが、上の色で示した**あいまい母音「e」**と**あいまい母音「ü」**と「er」は日本語にない発音なので特に難しく感じると思います。

　ただし他の音も日本語の発音とは違うので注意が必要です。「a」と「o」は日本語の「ア」と「オ」よりももっと口を大きく開け、「i」も日本語の「イ」よりも口を横に意識して伸ばします。「u」も日本語の「ウ」よりも口の先をすぼめます。

> a ： 日本語の「ア」より大きな口で、「アー」。
>
> o ： 日本語の「オ」より大きな口で丸い形で、「オー」。
>
> e ： 口の形は「エ」でのどの奥から、「オー」。あいまい母音。
>
> i ： 唇を左右に引き、日本語の「イ」より強く、「イー」。
>
> u ： 唇を突き出し丸い穴を作るような形で、「ウー」。
>
> ü ： 「ウ」のような口で「イー」を発音する。
>
> er： 口を半開きにし、あいまい母音「e」を出し、舌先が上あごに付かないように巻く。

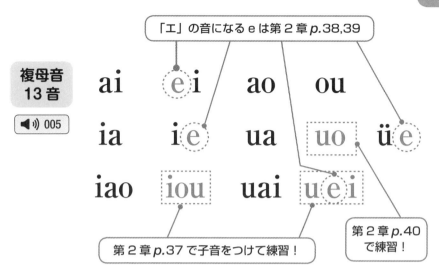

複母音には難しく感じる発音がほとんどないため、ピンインの学習のなかで中間休みができる部分です。しかし、「iou」、「uei」は下の「niu」、「dui」などのように子音と合わさると表記されなくなるものがあり、発音はもとの音が残るので注意が必要です。「üe」は単独で用いるときは「yue」と表記されます。

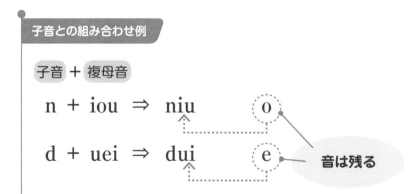

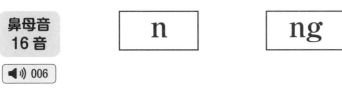

🔊 006

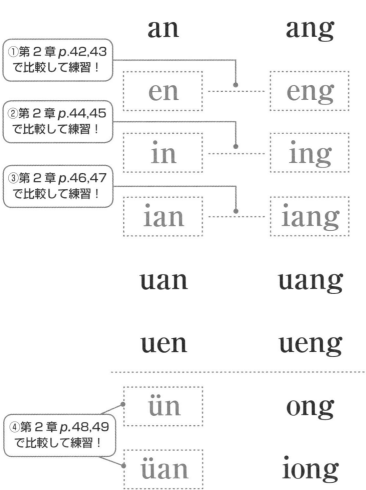

an   ang

①第2章 *p.*42,43 で比較して練習！

en ----- eng

②第2章 *p.*44,45 で比較して練習！

in ----- ing

③第2章 *p.*46,47 で比較して練習！

ian ----- iang

uan   uang

uen   ueng

ün   ong

④第2章 *p.*48,49 で比較して練習！

üan   iong

「n」と「ng」の音節は多く、鼻母音が子音と合わさったものを含めると、中国語の400以上ある音節のなかで半分を占めています。

n はのどの奥ではなく、舌先を上の歯茎につける。
ng はのどの奥を使って「ンガ」。と発音する。

「n」と「ng」の違いは、日本語の「あんない」（案内）と「あんがい」（案外）の違いに似ています。「案内（あんない）」の「ン」＝「n」と「案外（あんがい）」の「ん」＝「ng」では舌先の位置が違います。「案内（あんない）」では舌先を上の歯茎につきますが、「案外（あんがい）」では舌先はつけず、舌の奥の方でのどをふさぐ感じで鼻にかかります。中国語の「n」と「ng」も同じです。

また、音節の後ろの「n」と「ng」の違いでその前の母音の発音が違ってしまうことがあるので注意が必要です（「eng」「ian」⇒p.42,43,46,47で練習）。鼻母音は最後の難関として最も力の入る部分なので頑張りましょう。

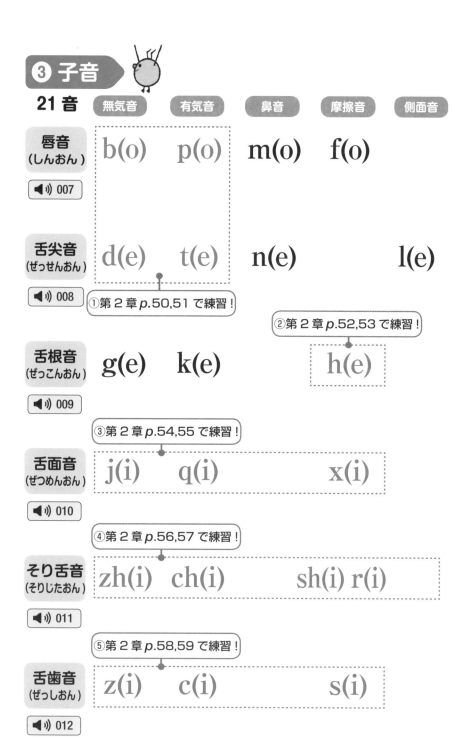

21音 　無気音　　有気音　　鼻音　　摩擦音　　側面音

唇音 （しんおん） 🔊 007	b(o)	p(o)	m(o)	f(o)	
舌尖音 （ぜっせんおん） 🔊 008	d(e)	t(e)	n(e)		l(e)
舌根音 （ぜっこんおん） 🔊 009	g(e)	k(e)		h(e)	
舌面音 （ぜつめんおん） 🔊 010	j(i)	q(i)		x(i)	
そり舌音 （そりじたおん） 🔊 011	zh(i)	ch(i)		sh(i) r(i)	
舌歯音 （ぜっしおん） 🔊 012	z(i)	c(i)		s(i)	

①第2章 p.50,51 で練習！

②第2章 p.52,53 で練習！

③第2章 p.54,55 で練習！

④第2章 p.56,57 で練習！

⑤第2章 p.58,59 で練習！

　左の図のように、子音には以下の6つの唇・舌の使い方があります。

◎唇音　　　　唇を使って音を出します。

◎舌尖音　　　舌先を上の歯茎に触れさせてから音を出します。

◎舌根音　　　舌の付け根を持ち上げのどに力を入れて音を出します。

◎舌面音　　　舌先を下の歯茎の裏に軽く触れさせてから音を出します。

◎そり舌音　　舌先を上の歯茎より奥に向かってそらして音を出します。

◎舌歯音　　　口を軽く横に引き、舌先は歯と歯の隙間に置き音を出します。

　以下の5つの音と上の6つの音を掛け合わせると子音になります。

◎無気音　　　無気音は決して息を伴わないというわけではありませんが、有
　　　　　　　気音より「気量」を弱めに出します。

◎有気音　　　有気音は口に息を溜め込んで一気に破裂させる音です。

◎鼻音　　　　中国語の鼻音は「m」「n」のふたつを指します。「m」は後ろ
　　　　　　　につく母音を出す前に、「ム」と発音する形で唇をしっかりと
　　　　　　　閉じます。「n」は鼻母音の「－n」よりも舌先を強く上の歯茎
　　　　　　　につけてから母音へ移行します。

◎摩擦音　　　「f」「h」「x」「sh」「r」「s」です。上前歯と下唇で摩擦を起こ
　　　　　　　したり、舌のどこかの部分と前歯・のどとの間で作るすき間か
　　　　　　　ら摩擦を起こしたりします。

◎側面音　　　中国語の側面音「l」は英語の「l」に近いです。舌先を上歯
　　　　　　　茎にいったんしっかりとつけてから離し、後ろにくる母音へ移
　　　　　　　ります。

　以上はどれも注意すべきものですが、第2章では以下の5つに注目します。①**中国語の無気音「b」「d」と有気音「p」「t」**は避けて通れません。②**舌根音「h」**と各母音との組み合わせ。③**舌面音「j」「q」「x」**の3つは子音の中で特別扱いしなければなりません。それは後ろにつく母音には「**ü**」のつくものが目立ち、表記上の問題から音に混乱が生じやすいからです。④**そり舌音「zh」「ch」「sh」「r」**のグループは日本語にない音だけに、発音が安定するまで相当な練習時間が必要です。⑤**舌歯音「z」「c」「s」**の難点は、後ろにつく「i」が「イ」と発音しないところにあります。

❹ 音の組み合わせ

🔊 013

1声＋1声 —❷	fēijī	飞机	飛行機
1声＋2声	chūxí	出席	出席
1声＋3声	shēnqǐng	申请	申請
1声＋4声	jīngjì	经济	経済
1声＋軽声 —❸	māma	妈妈	お母さん

🔊 014

2声＋1声	jiéyuē	节约	節約
2声＋2声 —❷	zúqiú	足球	サッカー
2声＋3声	liánxiǎng	联想	連想する
2声＋4声	niánjì	年纪	歳
2声＋軽声 —❸	máfan	麻烦	面倒だ

・・・・・・・・・・・・・・・・・・・・・・・・・・・・

　1 音節ではできたのに、2 音節以上になると混乱してできなくなってしまう場合があります。

　ここでは、その弱点を克服するために 2 音節の単語をとりあげました。どの組み合わせも慣れないうちは難しいのですが、第 3 章では特に右の **5 つの点**に注意してください。

色がついた声調の組み合わせは
第3章で特訓するよ。

🔊 015

3声＋1声 —①	jiǎndān	简单	簡単である
3声＋2声	kěnéng	可能	かもしれない
3声＋3声	nǐ hǎo	你好	こんにちは
3声＋4声	gǎnxiè	感谢	感謝する
3声＋軽声 —③	wǒmen	我们	私たち

🔊 016

4声＋1声	qìchē	汽车	自動車
4声＋2声	shàngxué	上学	登校する
4声＋3声	Rìběn	日本	日本
4声＋4声 —②	shuìjiào	睡觉	寝る
4声＋軽声 —③	rènao	热闹	にぎやかである

① 3声のある2音節 ⇒ p.64〜67
② 同じ声調の2音節 ⇒ p.68,69
③ 軽声のある2音節 ⇒ p.70〜73
④ "一" の声調変化 ⇒ p.76,77
⑤ "不" の声調変化 ⇒ p.78,79

2音節になるとややこ
しいけれど、これだけ
はおさえよう。

4 "一" の声調変化

"一" は本来 1 声ですが、あとに続く音により声調が変化します。

後ろに 1 声、2 声、3 声がくるときは 4 声に変化します。

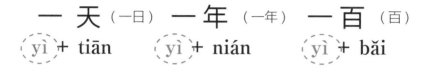

一 天 （一日） 一 年 （一年） 一 百 （百）

yì + tiān　　　yì + nián　　　yì + bǎi

後ろに 4 声がくるときは 2 声に変化します。

一 样 （同じ）

yì + yàng

"一" は第 3 章 *p.76*, 77 でさらに詳しく見てみよう。

5 "不" の声調変化

"不" は本来 4 声ですが、あとに続く音により声調が変化します。

後ろに 4 声がくるときは 2 声に変化します。

不 + 是 （そうではない）

bù + shì ⇒ bú + shì

"不" は第 3 章 *p.78*, 79 でさらに詳しく見てみよう。

🔊 019

◎ 3音節の音の組み合わせ

　3音節の単語やよく使うフレーズの声調は、3声を除き基本的にそれぞれの声調本来の高さを保ちます。ここでは、主に注意しておきたい3音節について取り上げます。

⑥　3声が連続する場合　⇒p.80,81

洗手间（トイレ）　xǐshǒujiān

⑦　3声が半3声になる場合　⇒p.82,83

没有 车（車を持っていない）　méiyǒu chē

⑧　3音節の最後の音節が1声の場合　⇒p.84,85

留学生（留学生）　liúxuéshēng

⑨　3音節中に軽声が入る場合　⇒p.86,87

对不起（ごめんなさい）　duìbuqǐ

これらの4つの場合はみんなが難しく感じる箇所。第3章でさらに詳しく見てみよう。

発音学習のヒント ①

コラム

➡「声真似」が大事です

　中国語は「大きな声で」、「抑揚の幅を大きくして」、「早口で」話す言葉です。静かな声で平坦な話し方に慣れてきた日本人にとっては、中国語は音楽のようにも、また喧嘩しているようにも聞こえるようです。しかし、この言葉の学習者となってしまった以上は、そのすべてを受け入れ、理解し習得しようとする心構えが必要になってきます。

　私が中国語を教えているある高校の授業では、私の声をわざと甲高く真似する男子生徒がいます。そのまねはときには奇声を上げているようにも聞こえ、表情までおどけてみせてクラスのみんなを笑わせています。「ふざけるな！」と怒りたくなるときもありましたが、この生徒は声調、子音、母音の各部分で行われた数回の発音テストで、なんとすべて高得点になり先生たちを驚かせました。若さゆえの遊び心ですが、「物真似」ならぬ「声真似」は中国語の学習上なくてはならないとても大事なことではないかと、私はかえってこの生徒の「勉強法」を褒めたくなりました。

　そこで、発音練習をする上で次のようないくつかのことを試みてはいかがでしょう。

1 まずは「あごのトレーニング」をするように、口を縦横に大きく動かし、普段より大げさに声を大きく出す準備をすることです。日本語の「アー」より最大に口を上下に開き、日本語の「イー」より口を左右に開き、数回発声練習をします。

2 授業を受けることができる学習者の方は、先生の口元をよく見つめ口の形を声に伴って真似をすることです。自学自習のみの方は、特に音声を集中して聴き、全体のイントネーションをひとつのメロディのように感じとり真似をします。

3 短い会話や文章の音読練習ではスロー、ノーマルの2段階をワンセットにし、セット単位で反復練習をします。本書でもスロー、ノーマルの2パターンの音声があるので活用しましょう。そして、文のなかで意味が大事な部分は、スピードを上げてもその部分を重点的に強く発音します。

　格好悪いと思う気持ちを捨てて大胆に発音練習をしましょう！

基礎編

第 **2** 章

日本人が苦手な
母音・子音はここ!

本章では、第 1 章 *p*.20 ～ 25 で色
分けして着目した音の「母音」と「子音」
について取り上げています。あいまい
母音といわれる「e」「ü」から始まり、
複母音、子音、「ル化」音まで、左ペー
ジの説明を読みながら、右ページで練
習しましょう。

❶ 単母音

❶ あいまい母音 「e」

> 単母音の「e」は日本語「エ」の音とはまったく違います。

「e」は日本語の「エ」と読みたくなってしまいますが、中国語では違う音です。のどの奥から出す音で、はっきりした特徴のない中性的な母音なので「あいまい母音」と呼ばれます。「お腹がすいている」という意味の「è」がこの音です。

🔊 020　発音のコツ　e

小指が上下の歯に挟まる程度に口を半開きにします。その後、口の中では舌を下に下ろしてのどの奥も開きます。そして「エ」のように口を横に引きながら「オー」といってみましょう。

鳄鱼 饿了 想 吃 鹅。
Èyú è le xiǎng chī é.
(ワニはお腹がすいてガチョウが食べたい)
といってごらん。

発音のコツ を参考に、音声について発音してみましょう。

🔊)) 021

1. é	2. ě	3. è	4. dé
鹅	恶	饿	德
（ガチョウ）	（気分が悪い）	（お腹がすいている）	（道徳）

5. tè	6. lè	7. gē	8. kě
特	乐	歌	可
（特別な）	（楽しい）	（歌）	（できる）

9. hē	10. hé	11. sè	12. zhè
喝	和	色	这
（飲む）	（〜と）	（色）	（これ）

13. chē	14. shé	15. shě	16. rè
车	蛇	舍	热
（車）	（蛇）	（捨てる）	（暑い）

❷ あいまい母音「ü」

> 「ü」は「ウー」でも「ィウー」でもありません。

　「ü」はかすかに「イ」の音が聞こえる感じの音です。単独で用いるときは「yu」と表記します。

　"鱼 yú" がこの音です。

🔊 022 ｜発音のコツ｜ ü

　まずは分解して発音してみます。最初に単母音「i（イー）」の音を出し、「i（イー）」と発声しながら口の形を「ウー」の方向へ閉じていきます。

　「i」（イー）から「ウー」への移行は口の形だけで、口の中では舌の位置は変わらずそのままにします。

「ü」は「u」とは違うよ。
「ウー」といわないように。

発音のコツ を参考に、音声について発音してみましょう。

🔊 023

1. yú(ǘ)
鱼
（魚）

2. yǔ(ǚ)
雨
（雨）

3. yù(ǜ)
玉
（玉）

4. lǜ
绿
（緑）

5. nǚ
女
（女）

6. jū(jǖ)
居
（住まい）

7. jú(jǘ)
菊
（菊）

8. jǔ(jǚ)
举
（挙げる）

9. jù(jǜ)
句
（文）

10. qū(qǖ)
区
（区）

11. qǔ(qǚ)
曲
（曲）

12. qù(qǜ)
去
（行く）

13. xū(xǖ)
需
（必要）

14. xú(xǘ)
徐
（ゆっくりと）

15. xǔ(xǚ)
许
（許す）

16. xù(xǜ)
续
（続く）

② 複母音

① 子音＋「iou」と 子音＋「uei」

> 子音がつくと「o」の音はだいぶ残り、「e」の音は少し残ります。

初級中国語のなかで頻出する数字の "六 liù" や "九 jiǔ"、また "就 jiù" や "休 xiū" のような音は、「子音＋iou」の構造です。「子音＋iu」は「miu」「diu」「niu」「liu」「jiu」「qiu」「xiu」の7つです。「iou」は子音がつかないときは「you」と表記し、「o オ」の音がはっきりと出されていますが、子音がつくと表記上から「o」が消えて「子音＋iu」になります。「uei」も子音がつくときは右の練習であげた「duì」のように「子音＋ui」の表記になります。

◀)) 024　発音のコツ **iou (you)**

「イウ」ではなく、「i」と「u」の間の「o」を意識し、ゆっくりと「イオウ」と発音しましょう。子音と結びつくときは、「o」の音をだいぶ残すようにします。

◀)) 025　発音のコツ **uei (wei)**

子音と結びつくとき、「u」「i」の間に「e」の音を多少残します。多少というのは上の「iou」の「o」のように強く残すのではなく、「e」の音をそれほど意識しなくても許容範囲で、声調さえ正しければ違和感はそれほどありません。

> "六 liù" は「リウ」ではなく「リオウ」、
> "九 jiǔ" は「ジウ」ではなく「ジオウ」
> に近いよ。「o」の音を意識して！

発音のコツ を参考に、音声について発音してみましょう。

🔊) 026

1. yōu	2. yóu	3. yǒu	4. yòu
优	油	有	右
（優れている）	（油）	（ある）	（右）

5. niú	6. liú	7. jiù	8. qiú
牛	留	旧	球
（牛）	（留まる）	（古い）	（球）

9. xiū	10. xiù	11. xiūxi	12. yōuxiù
休	袖	休息	优秀
（休む）	（そで）	（休む）	（優秀だ）

🔊) 027

1. duì	2. tuǐ	3. guì	4. huì
对	腿	贵	会
（正しい）	（足）	（高い）	（できる）

5. zhuī	6. shuǐ	7. zuì	8. suì
追	水	最	岁
（追う）	（水）	（最も）	（歳）

9. jiǔ suì	10. duìyú	11. jiǔshuǐ	12. huíqu
九 岁	对于	酒水	回去
（九歳）	（対して）	（アルコール飲料）	（帰っていく）

❷ 複母音

❷「ei」「ie」「uei」「üe」……… 複母音の「e」

複母音の「e」はあいまい母音ではなく「エ」の音になります。

　複母音に出てくる「e」は、単母音のあいまい母音の発音ではなく、日本語の「エ」に近い音になるので発音しやすくなります。「üe」を除いて、「ei」「ie」「uei」は多くの子音と組み合わさります。下の発音のコツでは、特に難しい「üe」を取り上げました。
※「uei」は前ページも参照してください。

🔊 028　発音のコツ　**üe (yue)**

　まず、あいまい母音の「ü」を出します。p.32 を参照してください。そして、「e（エ）」は日本語の「エ」よりもやや口を横に開いて発音してください。単母音の「ü」から「e（エ）」へなめらかに音をつなげます。

単母音の「e」と複母音のなかの「e」は違うんだよ！

発音のコツ を参考に、音声について発音してみましょう。

🔊 029

1. **yé**
爷
（おじいさん）

2. **yě**
也
（～も）

3. **yè**
夜
（夜）

4. **yuē**
约
（約）

5. **yuè**
月
（月）

6. **zhèi**
这
（これ）

7. **shéi**
谁
（誰）

8. **bié**
别
（～するな）

9. **tiě**
铁
（鉄）

10. **jiē**
街
（街）

11. **xié**
鞋
（靴）

12. **jué**
觉
（感じる）

13. **xuésheng**
学生
（学生）

14. **juéde**
觉得
（と思う）

15. **yuēhuì**
约会
（デートする）

16. **zhèixiē**
这些
（これら）

② 複母音

③ 「uo」

「uo」は「ウォー」ではなく「ウオー」とゆっくり移行します。

「uo」は「u」と「o」の音をしっかり意識して出す必要があります。よく「ウォー」と音がひとつになってしまう傾向がありますが、「ウ」と「オ」の音を分けてきちんと出せるかどうかがネイティブらしさを表せるかどうかのポイントになってきます。また、「uo」を「ou」と逆にいってしまうこともしばしばあるので注意しましょう。複母音の「uo」は子音と結びつくとき「u」の音が落とされやすいので、意識して出すようにしましょう。

◀)) 030 発音のコツ uo (wo)

まずは「ウ」から「オ」へゆっくりと移行しながら発音を練習しましょう。そのあと徐々に、「ウオー」とひとつの音にまとめていくようにします。

「duō」と「dōu」は違う音だよ！

発音のコツ を参考に、音声について発音してみましょう。

🔊 031

1. **wǒ** 我 （私）	2. **duō** 多 （多い）	3. **tuō** 脱 （脱ぐ）	4. **luò** 落 （落ちる）
5. **guó** 国 （国）	6. **huǒ** 火 （火）	7. **zhuō** 桌 （机）	8. **shuō** 说 （言う）
9. **ruò** 弱 （弱い）	10. **zuó** 昨 （昨）	11. **cuò** 错 （間違う）	12. **suǒ** 所 （所）
13. **wǒ guó** 我国 （我が国）	14. **duōduō** 多多 （たくさん）	15. **huā luò** 花落 （花が落ちる）	16. **zuò chē** 坐车 （車に乗る）

41

❸ 鼻母音

❶ 「en」と「eng」

> 「eng」の「e」は「エ」ではなく、あいまい母音の「e」です。

　鼻母音の中で、「en」と「eng」ほど、日本人の学習者を悩ませるものはないでしょう。鼻母音の難点のひとつは、音節尾にある「n」と「ng」によって母音の発音も違ってくるところにあります。「en」は子音との結合が多いですが、初級ではよく使う音節が限られています。右でよく使う漢字をしっかり音読し練習しましょう。

　「eng」は特に子音が前につくと、「en エン」になってしまう傾向が強いので気をつけましょう。「eng」は単独で発音しない代わりに、「j」「q」「x」以外のすべての子音と結びつきます。まずは子音と「eng」を分解して「子音＋ eng」で練習することをおすすめします。「オン」にならないよう気をつけましょう。

🔊 032 　発音のコツ　en

　「en」の「e」はあいまい母音の発音ではなく、複母音のときと同じく「エ」となりますので、「エン」に近い発音で大丈夫です。

🔊 033 　発音のコツ　eng

　あいまい母音「e」を出します。のどの奥を開放して「e」と発音しながらのどの奥を閉じていきます。「ng」は口からは息が通らず、鼻から息が通るように意識します。

発音のコツ を参考に、音声について発音してみましょう。

🔊 034

1. **ēn** 恩 （恩）	2. **běn** 本 （冊）	3. **mén** 门 （門）	4. **fēn** 分 （分ける）
5. **gēn** 跟 （～と）	6. **kěn** 肯 （すすんで～する）	7. **hěn** 很 （とても）	8. **zhēn** 真 （本当に）
9. **chén** 沉 （重い）	10. **shēn** 深 （深い）	11. **rén** 人 （人）	12. **zěn** 怎 （どのように）

🔊 035

1. **péng** 朋 （友だち）	2. **mèng** 梦 （夢）	3. **fēng** 风 （風）	4. **děng** 等 （待つ）
5. **téng** 疼 （痛い）	6. **néng** 能 （できる）	7. **lěng** 冷 （寒い）	8. **gèng** 更 （さらに）
9. **zhèng** 正 （正しい）	10. **chéng** 城 （城）	11. **shēng** 生 （生まれる）	12. **rēng** 扔 （投げる）

❸ 鼻母音

❷ 「in」と「ing」

> 「in」は「イン」、「ing」は「i」のあとに「e」の音が混じります。

　このふたつも音節尾「n」と「ng」によって母音の発音が違ってきます。「in」か「ing」かを聞きわけるのは難しく、どうしても前後の語によってその意味を読み取ることが多くなります。どちらも、まず子音のない「yin」と「ying」で発音を安定させましょう。

🔊 036　発音のコツ　**in (yin)**

　「in」は「イ」といったあとに、舌先と舌面をすぐ上の歯茎につけます。比較的、日本語の「イン」の音に近い音です。

🔊 037　発音のコツ　**ing (ying)**

　「in」と「ing」をはっきり区別して発音するには、「in」を短めに、「ing」を長めにという方法があります。

　「ing」は実は「i + eng」とまでいかないにしても、かなりあいまい母音「e」の音が混ざっているのです。これを意識して発音すれば、「in」との違いがわかりやすくなります。

発音のコツ を参考に、音声について発音してみましょう。

038

1. yīn 音（音）
2. yín 银（銀）
3. yǐn 引（引く）
4. yìn 印（印）
5. bīn 滨（水辺）
6. pǐn 品（品）
7. mín 民（民）
8. nín 您（あなた）
9. lín 林（林）
10. jìn 近（近い）
11. qīn 亲（親）
12. xīn 新（新しい）

039

1. yīng 樱（桜）
2. yíng 迎（迎える）
3. yǐng 影（影）
4. yìng 应（応じる）
5. bīng 冰（氷）
6. píng 瓶（瓶）
7. míng 明（明るい）
8. dìng 定（定まる）
9. tīng 听（聴く）
10. líng 零（ゼロ）
11. jīng 京（京）
12. qǐng 请（どうぞ）

❸ 鼻母音

❸ 「ian」と「iang」

> 「ian」は「イアン」ではなく「イエン」です。

このふたつも「n」と「ng」によって母音の発音が違ってくる鼻母音です。「ian」は子音がつかない「yan」と表記する語が多く、まずこの音から発音を整える練習をするとよいでしょう。「ian」はそり舌音「zh」「ch」「sh」「r」と舌歯音「z」「c」「s」との組み合わせがなく、比較的発音しやすい子音と結びつき音節を作ります。

一方、「iang」は子音のない「yang」から練習するとよいでしょう。「iang」と結びつく子音は「n」「l」「j」「q」「x」の5つしかなく、「niang」の発音は初級ではあまり見られません。

🔊 040　発音のコツ　ian（yan）

「ian」は、口の開きがせまい「i」と「n」にはさまれた「a」で、「ア」と口を大きく開けずに「エ」とします。そのため「ian」は「イエン」と発音します。

🔊 041　発音のコツ　iang（yang）

「iang」はまず「イ」の音を出し、そのあと「アーン」と「ア」を口を大きく開きます。「ng」はそのあとに、のどの奥を徐々に閉じていきます。口からは息が通らず、鼻から息が通るように意識します。

発音のコツ を参考に、音声について発音してみましょう。

🔊 042

1. yān 烟 （煙）	2. yán 盐 （塩）	3. yǎn 眼 （目）	4. yàn 燕 （ツバメ）
5. biān 边 （辺り）	6. pián 便 （安い）	7. miàn 面 （面）	8. diǎn 点 （点）
9. tiān 天 （天）	10. nián 年 （年）	11. liàn 练 （練習する）	12. jiàn 见 （会う）

🔊 043

1. yāng 央 （央）	2. yáng 羊 （羊）	3. yǎng 养 （養う）	4. yàng 样 （様）
5. liáng 凉 （涼しい）	6. liǎng 两 （ふたつ）	7. jiāng 姜 （ショウガ）	8. jiǎng 讲 （語る）
9. qiáng 强 （強い）	10. xiāng 香 （香りがいい）	11. xiǎng 想 （思う）	12. xiàng 像 （似ている）
13. liǎng tiān 两天 （2日間）	14. liǎng nián 两年 （2年間）	15. liǎng diǎn 两点 （2時）	16. liǎng biàn 两遍 （2回）

③ 鼻母音

④「ün」と「üan」

> 「ün」と「un」は違い、「üan」の「a」は「エ」に近いです。

　このふたつの鼻母音は単独で発音するほかに、子音「j」「q」「x」とだけ結びつき、表記はウムラウト「‥」をとり、「jun」「qun」「xun」と「juan」「quan」「xuan」となります。

◀)) 044　**発音のコツ**　**ün (yun)**

　「ü + n」ですが、あいまい母音「ü」をそのまましっかりと発音し、舌面を上歯後ろの歯茎につけて「ン」で結びます。子音と結びつくときに注意して欲しい点は、他の子音「chun」や「lun」の「un」(uen)と区別することです。

◀)) 045　**発音のコツ**　**üan (yuan)**

　「üan」の「a」は「エ」に近い音です。なぜなら、この鼻母音も「ian」と同じく、「a」前後の「ü」と「n」は口の開きが小さく、はさまれた「a」は「ア」と口を大きく開けずに「エ」で終わってしまうからです。なかには「ア」のように聞こえるものもありますが、基本的には「エ」のようにします。

発音のコツ を参考に、音声について発音してみましょう。

🔊 046

1. **yūn**
晕
（めまいがする）

2. **yún**
云
（雲）

3. **yǔn**
允
（許す）

4. **yùn**
运
（運ぶ）

5. **jūn**
君
（君）

6. **qún**
群
（群れ）

7. **xùn**
训
（戒める）

8. **xùnliàn**
训练
（訓練する）

9. **jūnrén**
军人
（軍人）

10. **qúnzi**
裙子
（スカート）

11. **xúnwèn**
询问
（たずねる）

12. **zīxún**
咨询
（諮問する）

🔊 047

1. **yuán**
园
（園）

2. **yuǎn**
远
（遠い）

3. **yuàn**
愿
（願い）

4. **juǎn**
卷
（巻く）

5. **quān**
圈
（丸）

6. **quán**
全
（そろっている）

7. **quàn**
劝
（勧める）

8. **xuān**
宣
（広める）

9. **xuǎnjǔ**
选举
（選挙）

10. **yīyuàn**
医院
（病院）

11. **Rìyuán**
日元
（日本円）

12. **ānquán**
安全
（安全）

❹ 子音

❶ 無気音 と 有気音

> 「bo」は「ボ」ではなく、「po」は「ポ」ではありません。

　21 個の子音の中には**「無気音」**と**「有気音」**という音があり、イメージは下のイラストのように、紙がゆれないのが「無気音」、目の前の紙が息でゆれるのが「有気音」です。

🔊 048 　発音のコツ

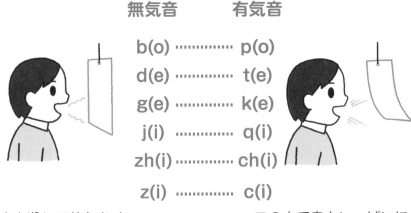

無気音		有気音
b(o)	·············	p(o)
d(e)	·············	t(e)
g(e)	·············	k(e)
j(i)	·············	q(i)
zh(i)	·············	ch(i)
z(i)	·············	c(i)

息を殺して軟らかく…　　　　　口の中で息をいっぱいに
　　　　　　　　　　　　　　　ため込んで一気に出す

　有気音と無気音は上の 6 組で練習することが多いです。実は日本人には有気音のほうがいいやすく、無気音まで有気音になって強く発音してしまうことがしばしばあります。
　「か」は「蚊」、「が」は「蛾」と日本語の意味は音の清濁によって違ってくるのと同じように、中国語も息の強弱によって意味がまるっきり変わってしまいます。

発音のコツ を参考に、音声について発音してみましょう。

- -

🔊 049　無気音 ＋ 無気音

1. gǔdài　　2. Zhōngguó　3. Gùgōng　　4. bù zhīdào

古代　　　　中国　　　　故宫　　　　不 知道
（古代）　　（中国）　　（故宫）　　（知らない）

🔊 050　有気音 ＋ 有気音

1. kěpà　　2. chēpiào　　3. chūchāi　　4. qī cì

可怕　　　　车票　　　　出差　　　　七 次
（怖い）　　（切符）　　（出張する）　（七回）

🔊 051　無気音 ＋ 有気音

1. dōu qù　2. zēngqiáng　3. dìtiě　　4. jiànkāng

都 去　　　增强　　　　地铁　　　　健康
（みな行く）（増強する）　（地下鉄）　（健康）

🔊 052　有気音 ＋ 無気音

1. chénggōng　2. Chūnjié　　3. píjiǔ　　4. chángduǎn

成功　　　　春节　　　　啤酒　　　　长短
（成功）　　（春節）　　（ビール）　　（長さ）

　無気音「d」と有気音「t」の区別は日本人には難しく感じますが、逆に中国人には日本語の「ダ」「タ」「デ」「テ」などに濁点があるかないかの区別が難しいのです。

④ 子音

❷ 「h」＋「u」「ua」「uo」「ui (uei)」「uan」「un (uen)」「uang」など

「hu」は「フ」ではありません。

　「h」は後ろに「u」のつく母音がくると、日本語の「フー」に近い発音をしてしまうことが非常に多いです。"花"→「ファー」、"会"→「フェー」、"欢"→「ファン」という具合に発音してしまうことがあります。そして"开花 kāihuā（開花する）"が"开发 kāifā（開発する）"となってしまい、聞く側に首を傾けさせてしまいます。

🔊 053　発音のコツ hu hua huo hui huan hun huang など

　「hu」は上歯と下唇に触れることなく、口を前に突き出して小さくすぼめて息を出します。上歯と下唇が軽く触れて発音する「fu」との違いに注意します。

　「hu」の発音が安定してから、「hua」「huo」「hui」「huan」「hun」「huang」の練習をします。唇を前に突き出し、「ホ」に近い音からスタートすることを意識してください。

「f」と「h」は違う音だよ！

発音のコツ を参考に、音声について発音してみましょう。

🔊)) 054

1. hū
呼
（呼ぶ）

2. hú
湖
（湖）

3. hǔ
虎
（虎）

4. hù
护
（守る）

5. huà
话
（話）

6. huǒ
火
（火）

7. huí
回
（帰る）

8. huān
欢
（喜ぶ）

9. huángsè
黄色
（黄色）

10. shuōhuà
说话
（話をする）

11. xǐhuan
喜欢
（好きだ）

12. kāihuì
开会
（会議をする）

🔊)) 055

1. hùzhào
护照
（パスポート）

2. huǒchē
火车
（汽車）

3. yīnghuā
樱花
（桜）

4. huíqu
回去
（帰っていく）

5. huài le
坏了
（壊れた）

6. jiāohuàn
交换
（交換する）

7. huā qián
花 钱
（お金を使う）

8. júhuā
菊花
（菊）

9. huánghūn
黄昏
（たそがれ）

10. diànhuà
电话
（電話）

11. huānyíng
欢迎
（歓迎する）

12. hùshēnfú
护身符
（お守り）

④ 子音

❸ 「j」「q」「x」 + 「ü」「üe」「ün」「üan」

> 「ju」「qu」「xu」の「u」は「ü」です。

　「j」「q」「x」は、他の子音があまりつかない「ü」と結びつく音節が多く、その表記変化のため、発音が難しいグループとしてよく特別扱いをされます。

　「j」「q」「x」は後ろに「ü」がつくと「ü」のウムラウト「‥」がなくなり、「u」と表記してしまうことから、単母音の「u」の発音と混同してしまい、ピンインを見てすぐに発音できなくなる原因を作ります。

◀)) 056　発音のコツ
ju qu xu
jue que xue
jun qun xun
juan quan xuan

　「ju」「qu」「xu」は p.34 の**あいまい母音「ü」**を参照しながら練習してください。「ü」は「ウー」でも「ィウー」でもないことに気をつけましょう。

　「jüe」「qüe」「xüe」も表記が「jue」「que」「xue」となりますが、このときの「e」はあいまい母音の発音ではなく「エ」と発音します。

　「j」「q」「x」+「ün」「üan」はまず、p.48 の鼻母音「ün」と「üan」を参照しながら「ün」と「üan」の発音を整えてください。表記が「jun」「qun」「xun」と「juan」「quan」「xuan」となりますが、このときの「a」は「エ」に近い発音をします。

発音のコツ を参考に、音声について発音してみましょう。

🔊 057

1. **yuē** 约 （約束する）	2. **yuè** 月 （月）	3. **lüè** 略 （簡略）	4. **jué** 决 （決める）
5. **xué** 学 （学ぶ）	6. **què** 确 （確かな）	7. **xuè** 血 （血）	8. **qún** 群 （群れ）
9. **wénxué** 文学 （文学）	10. **huáxuě** 滑雪 （スキーをする）	11. **huíqu** 回去 （帰っていく）	12. **júzi** 橘子 （みかん）

🔊 058

1. **juédìng** 决定 （決定する）	2. **zhèngquè** 正确 （正確である）	3. **shěnglüè** 省略 （省略する）	4. **yuèliang** 月亮 （月）
5. **jūnzǐ** 君子 （君子）	6. **Qúnmǎ** 群马 （群馬）	7. **shàngxún** 上旬 （上旬）	8. **chūnjuǎn** 春卷 （春巻）
9. **xūyào** 需要 （必要）	10. **yùndòng** 运动 （運動）	11. **niányuè** 年月 （年月）	12. **lóngjuǎnfēng** 龙卷风 （竜巻）

④ 子音

④「zh」「ch」「sh」「r」

> 子音と組合わさると「i」は「イー」と発音しないことがあります。

　子音のページですが、「i」についてとりあげます。「i」は子音なしで単母音として発音する場合はそれほど問題ありませんが、子音が前につくときは、「zhi」「chi」「shi」「ri」と「zi」「ci」「si」（*p.*58参照）の「i」は「イー」と発音しなくなります。

🔊 059　発音のコツ **zhi chi shi ri**

　「zhi」は舌先を上の歯茎の奥のへこんでいるところに軽く触れすぐに離し、舌根が少し引っ張られていると感じながら舌を巻いた状態にして発音します。

　「chi」は有気音で、「zhi」の要領で息をいっぱいにため込んでから破裂させるように発音します。

　「shi」は舌先をどこにもつけず舌を巻きながら息だけを送り出すように発音します。「シー」にならないよう注意しましょう。

　「ri」は、「zhi」「chi」「shi」を左右するそり舌音の基本音です。「リー」のように舌先を上につけてから離すのではなく、最初から奥のへこんでいるところで浮かせて「イー」といいます。

発音のコツ を参考に、音声について発音してみましょう。

🔊 060

1.	zhī 知 （わかる）	2.	zhí 直 （まっすぐ）	3.	zhǐ 纸 （紙）	4.	zhì 志 （志）

5.	chī 吃 （食べる）	6.	chí 池 （池）	7.	chǐ 尺 （尺）	8.	chì 赤 （赤）

9.	shī 诗 （詩）	10.	shí 十 （十）	11.	shǐ 使 （〜させる）	12.	shì 事 （こと）

13.	Rìshì 日式 （日本式）	14.	zhīshi 知识 （知識）	15.	zhǐshì 指示 （指示）	16.	chī shìzi 吃 柿子 （柿を食べる）

④ 子音

⑤ 「z」「c」「s」

> 「z」「c」「s」の後ろの「i」はまったく「イ」の音がしません。

　「z」「c」「s」に「i」がつくと、**前ページの**「zhi」「chi」「shi」「ri」の「i」以上に発音が違ってきます。右ページの練習では「z」「c」「s」に「u」のついた、「zu」「cu」「su」もとりあげます。「zi」「ci」「si」と比べて練習しましょう。

🔊 061　**発音のコツ** zi ci si

　「zi」「ci」「si」は「ヅィ」「ツィ」「スィ」ではありません。口角を横いっぱいに引きながら舌先を歯に軽く触れさせて微調整して**「ヅー」「ツー」「スー」**と発音します。

　「口角を横いっぱいに引く」というのは、日本語の感覚で「ヅー」「ツー」「スー」というと中国語の「zu」「cu」「su」にも聞こえてしまうからです。「zu」「cu」「su」の「u」は、口を小さく前に突き出し、日本語の「ウー」よりも力を込めて単母音「u」の発音をするので、音が違ってきます。

> 「ci」は「シー」ではなくて「ツー」。
>
> 「si」は「シー」ではなくて「スー」、
> 　「お寿司」というときの「スー」。
>
> 「ca」は「カー」ではなくて「ツァー」。

発音のコツ を参考に、音声について発音してみましょう。

🔊 062

1.	zī	2.	zū	3.	zǐ	4.	zǔ
	资		租		子		组
	（資金）		（借りる）		（子）		（組）

5.	cí	6.	cū	7.	cì	8.	cù
	词		粗		次		醋
	（言葉）		（太い）		（回）		（酢）

9.	sī	10.	sū	11.	sì	12.	sù
	司		苏		四		宿
	（司る）		（蘇生する）		（四）		（泊まる）

🔊 063

1.	zìjǐ	2.	gōngsī	3.	jǐ cì	4.	sì cì
	自己		公司		几次		四次
	（自己）		（会社）		（何回）		（四回）

5.	zǔzhī	6.	chūzū	7.	gàosu	8.	pǔsù
	组织		出租		告诉		朴素
	（組織）		（貸し出す）		（告げる）		（素朴な）

9.	zìshù	10.	sīshú	11.	zìxíngchē	12.	chūzūchē
	字数		私塾		自行车		出租车
	（字数）		（私塾）		（自転車）		（タクシー）

❺「儿化」音

単母音「er」と「儿化」音

> **単母音「er」と「儿化」音の「r」があります。**

　単母音「er」は子音との組み合わせがなく、"儿 ér""耳 ěr""二 èr"などの漢字の表記として単独で使われます。また「儿化」音（アル化音）も"儿 er"が使われるので混乱しがちです。「儿化」音（アル化音）は"儿 er"のつく単語に見られる発音のひとつとしてピンイン学習の最後に取り上げられ、ここまで発音勉強が進んできたらそろそろ発音が卒業間近だと思われがちです。しかし、実際は決してさっさと読んで終わるような簡単なものではありません。**「儿化」音のつく単語は"儿 er"直前にある母音の発音が違ってくる**ことに難点があります。「儿化」音のつく単語は表記上「e」が省略されて「r」だけになります。

◀» 064 　発音のコツ 　「儿化」音の r

　「i」のつく音節の後ろが「儿化」すると「～ i + r」の形となり「i」の音が脱落します。例：「wèir 味儿」⇒「u + er」となります。

　「n」のつく鼻母音の音節の後ろが「儿化」すると「～ n + r」の形となり「n」の音が脱落します。例：「wánr 玩儿」⇒「ua + er」となります。

　「ng」のつく鼻母音の音節の後ろが「儿化」すると「～ ng + r」は、まず鼻母音「ng」の発音要領でいったん発音しますが、今度は舌を軽く持ち上げ浮かせ、閉じていたのどを軽く開き「er」と発音します。例：「shēngr 声儿」⇒「eng + er」となります。

発音のコツ を参考に、音声について発音してみましょう。

🔊 065

1. **ér**	2. **ěr**	3. **èr**	4. **érzi**
儿	耳	二	儿子
（子ども）	（耳）	（二）	（息子）
5. **nǚ'ér**	6. **érnǚ**	7. **értóng**	8. **ěrduo**
女儿	儿女	儿童	耳朵
（娘）	（息子と娘）	（児童）	（耳）
9. **huār**	10. **gēr**	11. **nǎr**	12. **zhèr**
花儿	歌儿	哪儿	这儿
（花）	（歌）	（どこ）	（ここ）

🔊 066

1. **wèir**	2. **shìr**	3. **chéngzhīr**	4. **xiǎoháir**
味儿	事儿	橙汁儿	小孩儿
（味）	（事）	（オレンジジュース）	（子ども）
5. **wánr**	6. **fànguǎnr**	7. **yìdiǎnr**	8. **càidānr**
玩儿	饭馆儿	一点儿	菜单儿
（遊ぶ）	（レストラン）	（少し）	（メニュー）
9. **yǒu kòngr**	10. **huà huàr**	11. **chàng gēr**	12. **yīnghuār**
有空儿	画画儿	唱歌儿	樱花儿
（暇である）	（絵を描く）	（歌を歌う）	（桜）

発音学習のヒント **2**

➡ピンインは正確な発音で

· ·

　ピンイン学習は教える側も学習する側も忍耐力が必要です。流暢に話しているつもりでも通じない発音では聞く側に負担をかけてしまいます。ですので、根気強く我慢強く、ピンインの構造と変則的な部分をよく理解した上で十分に時間を費やして反復練習を続けてください。

　学校で単位を取るため中国語を履修する学生さん、中国出張や駐在で突然中国語を勉強することになってしまった会社員の方、個々の趣味や仕事など何らかの必要性で勉強をなさっている方、目的はどうであれ、へんな癖が身についてしまい手遅れになる前に正確な発音で中国語を話すことを目標にして、もう一度次の方法で発音学習に立ち返ってください。

1 **ピンインはイメージで読まない。**

　「can」を見て「キャン」や「ケン」と英語のように発音したり、「jian」を見て「ジャン」といってしまったりするのは、やはりアルファベットからくる英語の先入観に影響されているからです。ピンインの原点に立ち返って充分身につくまで反復練習をする必要があります。

2 **子音と母音を分解して発音してみる。**

　面倒な作業にも思われますが、これは発音に自信をもてるようになるために必要なことです。習慣をつけていけば一音節の発音が「百発百中」になります。

3 **短い文でも意味のある所で区切って単語単位で発音してみる。**

　知っている単語やフレーズは比較的速く読み、そうでない所は小まめに区切って丁寧に発音練習をします。最後は切らずにひとつにつなげてスピードを上げていきます。

4 **声に出して音読すること。**

　音読は自力で音を発すること、さらにその音を自分にいい聞かせることの二重の学習効果があります。シャドーイングもそうで理屈なしにひたすら音を真似して追っかけていくことで学習効果があります。"朗朗上口"という中国語がありますが、音読を繰り返していくうちに自然に言葉を自分のものとして覚えていきます。

基礎編

第 3 章

日本人が苦手な
声調はここ！

本章では、第1章 *p.*26 ～ 29 で色
分けして着目した音の「声調」につい
て取り上げています。1 音節だけでな
く、ここで 2 音節と 3 音節の組み合
わせをしっかり練習しましょう。

❶ 3声のある2音節

　2音節の組み合わせで特に注意したいのは、**3声から始まるもの**です。ここでは、後ろに1〜4声がつながる場合を見ていきましょう。

❶ 後ろに1声がくる場合

> **後ろに1声がくると3声は半3声になり、低い音で一時停止。**

　大げさですが、苦しくなるくらい抑えたまま、次はいきなり高く1声を平らに発音します。**半3声とは3声後半の上がり調子をなくし、そこで一時停止すること**です。この組み合わせは途中音がなくドレミの低音の「ド」からいきなり高音の「ド」を目指すようなイメージです。

❷ 後ろに2声がくる場合

> **後ろに2声がくると3声は半3声になり、低い音で一時停止。**

　2音節の中で一番間違いやすい組み合わせです。3声後半の上がり調子を出してしまうと後ろの2声が1声に聞こえてしまったり、「2声＋2声」に聞こえてしまったりします。大事なのは**半3声で一時停止したあと、2声を低いところから上げる**ことです。

音声のあとについて発音してみましょう

🔊 067 | **3声＋1声** ▶ ▶ ▶ | 低音の「ド」から高音の「ド」を目指すイメージ

1. **shǒujī**
手机
（携帯電話）

2. **hǎohē**
好喝
（飲み物がおいしい）

3. **lǎoshī**
老师
（先生）

4. **Běijīng**
北京
（北京）

5. **měitiān**
每天
（毎日）

6. **kǎoyā**
烤鸭
（北京ダック）

7. **wǒ jiā**
我 家
（私の家）

8. **dǎ dī**
打 的
（タクシーに乗る）

🔊 068 | **3声＋2声** ▶ ▶ ▶ | 低いところから上昇させる

9. **lǚxíng**
旅行
（旅行する）

10. **qǐchuáng**
起床
（起床する）

11. **hǎowánr**
好玩儿
（おもしろい）

12. **nǎ nián**
哪 年
（何年）

13. **wǎngqiú**
网球
（テニス）

14. **yǎnyuán**
演员
（俳優）

15. **yǐqián**
以前
（以前）

16. **xiǎoháir**
小孩儿
（子ども）

❸ 後ろに 3 声がくる場合

> 後ろに 3 声がくると前の音節は 2 声になります。

3 声 ＋ 3 声　　　　　　2 声 ＋ 3 声

　前の 3 声が 2 声に発音されますが、表記は「3 声＋ 3 声」のまま
なので、しばしば見落とされやすいです。「2 声＋ 3 声」の要領で発
音して大丈夫です。

❹ 後ろに 4 声がくる場合

> 後ろに 4 声がくると 3 声は半 3 声になり、低い音で一時停止。

3 声 ＋ 4 声　　　　　　半 3 声 ＋ 4 声

　ここでも半 3 声で一時停止し、後ろの 4 声は 1 声の高さに戻って
から突き落とすように出します。1 声の高さに戻さずに発音すると
同じ 3 声に聞こえてしまいますので要注意です。"请问 qǐngwèn（お
尋ねします）"が"亲吻 qīnwěn（キスをする）"に聞こえてしまうの
はそのためです。

音声のあとについて発音してみましょう

069 　3声＋3声　▶▶▶ 上昇させてから下で抑える

1. **nǐ zǎo**
你早
（おはよう）

2. **wǒ xiǎng**
我想
（私は思う）

3. **wǒ mǎi**
我买
（私は買う）

4. **wǒ yǒu**
我有
（私は持っている）

5. **shǒubiǎo**
手表
（腕時計）

6. **wǔ jiǔ**
五九
（五九）

7. **liǎng diǎn**
两点
（2時）

8. **xǐ shǒu**
洗手
（手を洗う）

070 　3声＋4声　▶▶▶ 4声を1声の高さに戻って下げる

9. **qǐng wèn**
请问
（お尋ねしますが）

10. **wǒ shì**
我是
（私は〜です）

11. **nǐ yào**
你要
（あなたは欲しい）

12. **kǎo ròu**
烤肉
（肉を焼く）

13. **hǎokàn**
好看
（きれい）

14. **kě'ài**
可爱
（かわいい）

15. **kěshì**
可是
（しかし）

16. **gǎnmào**
感冒
（風邪）

❷ 同じ声調の２音節

　同じ声調が連続する場合も、注意しないときちんとした声調で発音できないことが多いようです。

❶ 1声＋1声

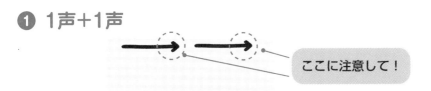

ここに注意して！

　同じ高さをキープして発音するのは難しいです。特に後ろの１声は語尾で下がり、４声になりがちです。また前の１声も語尾で下がらないよう気をつけなければなりません。

❷ 2声＋2声

最初の高さに戻る！

　低いところから上昇する、これを２回繰り返すのはなかなか抵抗があるようです。特に後ろの２声は前の２声よりさらに高く上げるのではなく、元の高さに戻って上げていくことが大事です。

❸ 4声＋4声

最初の高さに戻る！

　１声の高さから３声の低い音の位置へ大きく２往復する、これもなかなか難しいです。特に後ろの４声をまた最初の高さに戻って下げることを意識しないと、中途半端なところから下げてきた４声は３声に聞こえてしまいますので要注意です。

音声のあとについて発音してみましょう

◀)) 071 **1声＋1声** ▶▶▶ 高さを高く持続させる

1. yīnghuā
樱花
（桜）

2. xīngqī
星期
（曜日）

3. fēijī
飞机
（飛行機）

4. yīshēng
医生
（医者）

5. xiāngjiāo
香蕉
（バナナ）

6. gōngsī
公司
（会社）

7. shūbāo
书包
（かばん）

8. Tiānjīn
天津
（天津）

◀)) 072 **2声＋2声** ▶▶▶ 後ろの2声の頭の音を低い位置に戻す

1. hépíng
和平
（平和）

2. xuéxí
学习
（学習）

3. liúxué
留学
（留学）

4. shítáng
食堂
（食堂）

5. Chángchéng
长城
（万里の長城）

6. chángcháng
常常
（よく）

7. huí guó
回国
（帰国する）

8. míngnián
明年
（来年）

◀)) 073 **4声＋4声** ▶▶▶ 後ろの4声の頭の音を前の4声の頭の音の高さと同じ位置からはじめる

1. sànbù
散步
（散歩）

2. shuìjiào
睡觉
（眠る）

3. zuòyè
作业
（宿題）

4. zhàoxiàng
照相
（写真をとる）

5. xiàkè
下课
（授業が終わる）

6. hùzhào
护照
（パスポート）

7. diànhuà
电话
（電話）

8. fàngjià
放假
（休みになる）

❸ 軽声のある2音節

　軽声は2音節語に多く見られる現象のひとつで、前の音節に続く次の音節が軽声に変化し、本来の発音を保ちながら力を弱め、軽く短く発音されます。中国語が上手か下手かは軽声がうまく発音できているかどうかで判断されることもあります。

　軽声は前の声調との連携プレーです。前の声調をきちんと理解し発声しなければ軽声の役目が果たせず、単語全体の発音がおかしくなります。ここでは「1声、2声、3声、4声＋軽声」と、4つの項目で練習しましょう。

1声 ＋軽声

　1声は高く平らに発音するため、軽声は逆にだいぶ下げて発音します。特に"说说"のように同じ漢字を2度繰り返すときの2番目の漢字は軽声化されるものが多く、決して前と同じ高さにしないように注意しなければなりません。

2声 ＋軽声

　2声を低いところから思い切り上昇して発音したあと、今度は軽声を下げて発音します。注意すべきところは前の2声をきちんと正確に発音することです。「はー？」と不信感や驚きを表すように高さを上げていきます。それから軽声を出します。

音声のあとについて発音してみましょう

● ●

🔊) 074　　**1声＋軽声**　▶▶▶　前の1声を高く、後の軽声を下げる

1. **yīfu**	2. **dōngxi**	3. **gēge**	4. **guānxi**
衣服	东西	哥哥	关系
（服）	（もの）	（お兄さん）	（関係）

5. **chī de**	6. **hē de**	7. **shuōshuo**	8. **sān ge**
吃的	喝的	说说	三个
（食べもの）	（飲みもの）	（言ってみる）	（3個）

🔊) 075　　**2声＋軽声**　▶▶▶　2声を低いところから上昇させ軽声を下げる

9. **shénme**	10. **shíhou**	11. **háizi**	12. **péngyou**
什么	时候	孩子	朋友
（何）	（とき）	（子ども）	（友だち）

13. **piányi**	14. **chángchang**	15. **juéde**	16. **shí ge**
便宜	尝尝	觉得	十个
（安い）	（味見する）	（〜と思う）	（10個）

3声 ＋軽声

3声はここでも特別に扱います。他の声調の後ろの軽声はみな下げて発音するのに対し、**3声の後ろの軽声だけは少し高さを上げて発音**します。3声を半3声にして低く抑えることに注意しましょう。

4声 ＋軽声

高さに注意！

4声を高い1声の位置から3声の低い位置へ下がるまでの手前で止まり、そのついでに軽声を出しますが、ここでも4声をきちんと出せるかどうかが大事です。4声を低いところまで引き下げずに軽声を出してしまうと、**"谢谢 xièxie"** が **"歇歇 xiēxie（ちょっと休憩する）"** になったりします。

音声のあとについて発音してみましょう

076 3声＋軽声 ▶▶▶ 3声を低く半3声に抑え
軽声であげる

1. wǒ de
我的
（私の）

2. nǐ de
你的
（あなたの）

3. wǒmen
我们
（私たち）

4. zǎoshang
早上
（朝）

5. wǎnshang
晚上
（夜）

6. měi ge
每个
（すべての）

7. jǐ ge
几个
（いくつ）

8. wǔ ge
五个
（5個）

077 4声＋軽声 ▶▶▶ 高い所から下がるついでに軽声を出す

9. zhège
这个
（この）

10. nàge
那个
（あの）

11. bàba
爸爸
（お父さん）

12. xièxie
谢谢
（ありがとう）

13. shàngbian
上边
（上のほう）

14. xiàlai
下来
（降りてくる）

15. kànkan
看看
（ちょっと見る）

16. sì ge
四个
（4個）

軽声の単語

　初級レベルでは、次の場合に多くの軽声の単語が見られます。整理して覚えましょう。

🔊》 078

❶ 語気助詞や構造助詞など

吗	吧	呢	啊	的	得	着
ma	ba	ne	a	de	de	zhe

❷ 接尾字

桌子	饺子	孩子	石头	馒头	木头
zhuōzi	jiǎozi	háizi	shítou	mántou	mùtou
（机）	（餃子）	（子ども）	（石）	（マントウ）	（木）

❸ 親族呼称や人の複数形

妈妈	姐姐	弟弟	你们	朋友们
māma	jiějie	dìdi	nǐmen	péngyoumen
（お母さん）	（お姉さん）	（弟）	（あなたたち）	（友だち）

❹ 動詞の重ね型

说说	看看	尝尝	休息休息
shuōshuo	kànkan	chángchang	xiūxixiūxi
（言ってみる）	（ちょっと見る）	（味見する）	（ちょっと休む）

❺ 方位詞や量詞の "个"

墙上	家里	外边	这个	那个	六个
qiángshang	jiāli	wàibian	zhège	nàge	liù ge
（壁に）	（家で）	（外）	（これ）	（あれ）	（6つ）

❻ 方向補語

说出来	看上去	听起来
shuōchulai	kànshangqu	tīngqilai
（言い出す）	（見たところ）	（聞いたところ）

　他によく使われる2音節単語として、習慣上軽声で発音されるものも数多くあります。

🔊) 079

东西	衣服	豆腐	便宜
dōngxi	yīfu	dòufu	piányi
（もの）	（服）	（豆腐）	（安い）

热闹	客气	喜欢	月亮
rènao	kèqi	xǐhuan	yuèliang
（にぎやかな）	（遠慮する）	（好き）	（月）

　また、前後にはさまれて、本来の声調を失い、軽声になってしまうケースもあります。

🔊) 080

对不起	二十八	尝一尝
duìbuqǐ	èrshibā	chángyicháng
（ごめんなさい）	（28）	（味見する）

　一方、軽声には品詞や単語の意味を区別する役割もあり、軽声でなければその意味になり得ない場合もあります。

🔊) 081

数数	数数
shǔshù	shǔshu
（数を数える）	（数えてみる）

东西	东西
dōngxī	dōngxi
（東西）	（もの）

　軽声はよりどころがないため、「軽く短く」といわれても前の声調に影響され同じ声調でいってしまったり、軽声で発音すべき漢字の本来の声調を出してしまったりすることが多いです。ですが、ほとんど何も聞こえないぐらいに軽すぎたりするのもよくありません。

④ "一" の声調変化

"一" は本来1声で発音しますが、その声調は2声、4声、軽声でも発音する場合があります。

🔊 082

1. 順番や序列、年月日、単独使用のときは ⇒ 1声のまま

yī lóu	yī bān	yī jiǔ yī èr nián yī yuè yī hào
一楼	一班	一九一二年一月一号
(1階)	(1組)	(1912年1月1日)

yī	èr	sān	sì	wǔ
一	二	三	四	五

🔊 083　"一" + 4声

2. 後ろに4声がくるときは ⇒ 2声に変化

yí wàn	yíyàng	yí jiàn	yí cì
一万	一样	一件	一次
(1万)	(同じ)	(1着)	(1回)

🔊 084　"一" + 1声　　"一" + 2声　　"一" + 3声

3. 後ろに1声、2声、3声がくるときは ⇒ 4声に変化

yì tiān	yì bēi	yì nián	yì tiáo	yì bǎi	yì běn
一天	一杯	一年	一条	一百	一本
(一日)	(1杯)	(1年)	(1本)	(100)	(1冊)

🔊 085

4. 重ね型で同じ動詞の間にはさまれるときは ⇒ 軽声に変化

kàn yi kàn	tīng yi tīng	shuō yi shuō
看一看	听一听	说一说
(ちょっと見る)	(ちょっと聴く)	(言ってみる)

音声のあとについて発音してみましょう

🔊 086　　**1声のまま**　▶▶▶　順番を表すかどうかを判断

1. yī yuè　　2. yī hào　　3. dì yī nián　　4. yīděngjiǎng
　一 月　　　　一 号　　　　第 一 年　　　　一等奖
　（1月）　　　（1日）　　　（1年目）　　　（一等賞）

🔊 087　　**2声に変化**　▶▶▶　よく使う単語を声調とともに丸暗記

1. yí biàn　　2. yí liàng　　3. yídìng　　4. yíbàn
　一 遍　　　　一 辆　　　　一 定　　　　一 半
　（一遍）　　　（1台）　　　（きっと）　　　（半分）

🔊 088　　**4声に変化**　▶▶▶　よく使う単語を声調とともに丸暗記

1. yìbān　　2. yìqǐ　　3. yì zhǒng　　4. yìzhí
　一 般　　　一 起　　　一 种　　　一 直
　（通常）　　（いっしょに）　　（一種）　　（ずっと）

🔊 089　　**軽声に変化**　▶▶▶　前後の声調をしっかり守る

1. zhǎo yi zhǎo　　2. wèn yi wèn　　3. liáo yi liáo　　4. xǐ yi xǐ
　找 一 找　　　　问 一 问　　　　聊 一 聊　　　　洗 一 洗
　（探してみる）　　（質問してみる）　　（おしゃべりをする）　　（洗ってみる）

❺ "不" の声調変化

"不" は否定副詞として、「〜をしない、〜ではない」と後ろにくる動詞や形容詞などを否定する意味で使われますが、「否定する」という意味の重要な役割を担っているため、その発音、特に声調の変化に留意しなければなりません。

> **"不 bù" は後ろ 4 声がくるとき ⇒ 2 声に変化**

そもそも 4 声は 1 声と同じ高さから 3 声と同じ高さへ急落することからその音域の広さと速度の速さに特徴があり、"不 bù" の場合はそれを強く発音することによって、「しませんよ」という意思がはっきりと伝わるわけです。

🔊 090　4声は急落！ "不！" bù

しかし、"不" の後ろに別の 4 声が続くと、"不" はそれと対抗し、区別するために**もうひとつ音域の広い 2 声に変化させてその存在感を顕示しなければなりません。**このときの "不" は "bú" と声調記号も 2 声に表記が変わります。

🔊 091　"不是！" bú shì

また、"不" には動詞／形容詞／助動詞などの間にはさまれ、「反復疑問文」を作る「軽声」という 3 つ目のパターンもあります（右ページ下を参照）。前後の動詞や形容詞、助動詞と一体になってひとつのかたまりで発音することが大切です。

音声のあとについて発音してみましょう

◀)) 092 "不 bù"＋1声 ▶▶▶ "不 bù" を高いところから一気に強く下げる

1. bù chī
不吃
（食べない）

2. bù hē
不喝
（飲まない）

3. bù tīng
不听
（聞かない）

4. bù xiūxi
不休息
（休まない）

◀)) 093 "不 bù"＋2声 ▶▶▶ "不 bù" を低く下げたところから2声を上げる

1. bù cháng
不长
（長くない）

2. bù xíng
不行
（だめだ）

3. bù xué
不学
（学ばない）

4. bù qí
不骑
（乗らない）

◀)) 094 "不 bù"＋3声 ▶▶▶ "不 bù" の4声を低いところまで下げ、さらに低く抑える

1. bù mǎi
不买
（買わない）

2. bù dǎ
不打
（打たない）

3. bù xiǎng
不想
（思わない）

4. bù xǐhuan
不喜欢
（好きではない）

◀)) 095 "不 bú"＋4声 ▶▶▶ "不 bú" の2声を高いところまで上げ、一気に強く下げる

1. bú yào
不要
（いらない）

2. bú kàn
不看
（見ない）

3. bú shì
不是
（～ではない）

4. bú ài
不爱
（愛さない）

◀)) 096 "不 bu"軽声 ▶▶▶ 前後の漢字と区切らずに一体感を持って発音する

1. qù bu qù
去不去
（行きますか）

2. yào bu yào
要不要
（いりますか）

3. shì bu shì
是不是
（そうですか）

4. mǎi bu mǎi
买不买
（買いますか）

❻ 3声が連続する場合

　2音節から3音節へ1音節増えるだけで音の組み合わせが増え、多くのパターンが出てきますが、ここでは皆が難しいと感じている「3声＋3声＋1声～4声」になる場合をとりあげました。

🔊 097　1声の場合

我买车。 Wǒ mǎi chē.（私は車を買います。）

"我买"は「2声＋3声」に、"买车"は「半3声＋1声」に変化。

3声 ＋ 3声 ＋ 1声　　　　2声 ＋ 半3声 ＋ 1声

🔊 098　2声の場合

我有钱。 Wǒ yǒu qián.（私にはお金があります。）

"我有"は「2声＋3声」に、"有钱"は「半3声＋2声」に変化。

3声 ＋ 3声 ＋ 2声　　　　2声 ＋ 半3声 ＋ 2声

🔊 099　4声の場合

想写信 xiǎng xiě xìn（手紙を書きたい）

"想写"は「2声＋3声」に、"写信"は「半3声＋4声」に変化。

3声 ＋ 3声 ＋ 4声　　　　2声 ＋ 半3声 ＋ 4声

◀)) 100　3声の場合

　3声が3回続く場合は、単語や意味の区切りによって以下のように
なります。

> 3声＋3声＋3声 ⇒ ① 2声＋2声＋3声
> 　　　　　　　⇒ ② 半3声＋2声＋3声

とふたつのパターンに声調が変化します。

我 有 伞。 Wǒ yǒu sǎn.（私は傘を持っています。）

"我 有"は「2声＋3声」に、"有 伞"は「2声＋3声」に変化。

3声 ＋ 3声 ＋ 3声　　　　　2声 ＋ 2声 ＋ 3声

买 水果 mǎi shuǐguǒ（果物を買う）

意味の区切りで "买"（買う）と "水果"（果物）を分けていう。

3声 ＋ 3声 ＋ 3声　　　　　半3声 ＋ 2声 ＋ 3声

❼ 3声が半3声になる場合

　3音節では多くの半3声が出てきます。ここでは皆が難しいと感じる①「3声+○+○」⇒「半3声+○+○」　と　②「○+3声+○」⇒「○+半3声+○」のふたつのパターンを練習しましょう。

🔊 101

① 　3声 + ○ + ○　　　　　　半3声 + ○ + ○

每星期　měixīngqī（毎週）

3声 + 1声 + 1声　▶▶▶　半3声 + 1声 + 1声

美国人　Měiguórén（アメリカ人）

3声 + 2声 + 2声　▶▶▶　半3声 + 2声 + 2声

请 介绍。Qǐng jièshào.（紹介してください。）

3声 + 4声 + 4声　▶▶▶　半3声 + 4声 + 4声

我 经常　wǒ jīngcháng（私はよく）

3声 + 1声 + 2声　▶▶▶　半3声 + 1声 + 2声

我 没有。Wǒ méiyǒu.（私は持っていません。）

3声 + 2声 + 3声　▶▶▶　半3声 + 2声 + 3声

我 不吃。Wǒ bù chī.（私は食べません。）

3声 + 4声 + 1声　▶▶▶　半3声 + 4声 + 1声

🔊》102

❷　○＋3声＋○　　　　　　　　○＋半3声＋○

 ▶▶▶

她 每天　tā měitiān（彼女は毎日）

1声 ＋ 3声 ＋ 1声　▶▶▶　1声 ＋ 半3声 ＋ 1声

女警察　nǚ jǐngchá（女性警察官）

3声 ＋ 3声 ＋ 2声　▶▶▶　2声 ＋ 半3声 ＋ 2声

办 手续　bàn shǒuxù（手続きをする）

4声 ＋ 3声 ＋ 4声　▶▶▶　4声 ＋ 半3声 ＋ 4声

她 每年　tā měinián（彼女は毎年）

1声 ＋ 3声 ＋ 2声　▶▶▶　1声 ＋ 半3声 ＋ 2声

谁 想 去？ Shéi xiǎngqù?（誰が行きたいですか。）

2声 ＋ 3声 ＋ 4声　▶▶▶　2声 ＋ 半3声 ＋ 4声

去 北京　qù Běijīng（北京に行く）

4声 ＋ 3声 ＋ 1声　▶▶▶　4声 ＋ 半3声 ＋ 1声

3 音節の単語やよく使うフレーズの声調は 3 声を除き、基本的にそれぞれの声調本来の高さやトーンの上昇を保ちます。特に最後に 1 声がくる場合は 1 声の高さに戻らなければなりません。3 番目の音節は声調さまざまに考えられますが、ここで特に問題の多い 1 声を中心に練習します。

🔊 103

❶ 1声から始まる単語・フレーズ

出租车　chūzūchē（タクシー）
1声＋1声＋1声

中学生　zhōngxuéshēng（中学生）
1声＋2声＋1声

新 手机　xīn shǒujī（新しい携帯電話）
1声＋3声＋1声　▶▶▶　1声＋半3声＋1声

她 看 书。　Tā kàn shū.（彼女は読書をします。）
1声＋4声＋1声

🔊 104

❷ 2声から始まる単語・フレーズ

学 发音　xué fāyīn（発音を学ぶ）
2声＋1声＋1声

留学生　liúxuéshēng（留学生）
2声＋2声＋1声

回 老家　huí lǎojiā（故郷に帰る）
2声＋3声＋1声　▶▶▶　2声＋半3声＋1声

不 见 他　bú jiàn tā（彼に会わない）
2声＋4声＋1声

🔊 105

❸ 3声から始まる単語・フレーズ

好医生　hǎoyīshēng（よい医者）
3声＋1声＋1声　▶▶▶　半3声＋1声＋1声

你别吃。Nǐ bié chī.（食べないで。）
3声＋2声＋1声　▶▶▶　半3声＋2声＋1声

洗手间　xǐshǒujiān（トイレ）
3声＋3声＋1声　▶▶▶　2声＋半3声＋1声

我上班。Wǒ shàngbān.（私は出勤します。）
3声＋4声＋1声　▶▶▶　半3声＋4声＋1声

🔊 106

❹ 4声から始まる単語・フレーズ

上星期　shàngxīngqī（先週）
4声＋1声＋1声

大学生　dàxuéshēng（大学生）
4声＋2声＋1声

看小说　kàn xiǎoshuō（小説を読む）
4声＋3声＋1声　▶▶▶　4声＋半3声＋1声

大后天　dàhòutiān（しあさって）
4声＋4声＋1声

❾ 3音節中に軽声が入る場合

　3音節の中で2番目か3番目の音節に軽声で発音するものがあります。ここでは①「○＋軽声＋○」と②「○＋○＋軽声」のふたつのパターンをよく使われる動詞の重ね型やあいさつ、数字などを使って練習しましょう。

🔊 107

❶　○ ＋ 軽声 ＋ ○

说 一 说　shuō yi shuō （ちょっと言う）
1声 ＋ 軽声 ＋ 1声

尝 一 尝　cháng yi cháng （味見してみる）
2声 ＋ 軽声 ＋ 2声

找 一 找　zhǎo yi zhǎo （探してみる）
3声 ＋ 軽声 ＋ 3声　▶▶▶　半3声 ＋ 軽声 ＋ 3声

看 一 看　kàn yi kàn （見てみる）
4声 ＋ 軽声 ＋ 4声

多少钱　duōshao qián （いくら）
1声 ＋ 軽声 ＋ 2声

二十三　èrshisān （二十三）
4声 ＋ 軽声 ＋ 3声

怎么样?　Zěnmeyàng? （どう？）
3声 ＋ 軽声 ＋ 4声　▶▶▶　半3声 ＋ 軽声 ＋ 4声

对不起。　Duìbuqǐ. （ごめんなさい。）
4声 ＋ 軽声 ＋ 3声

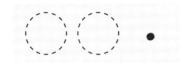

🔊 108

❷　○＋○＋軽声

辛苦了。　Xīnkǔ le.（ご苦労さま。）
1声＋3声＋軽声　▶▶▶　1声＋半3声＋軽声

没关系。　Méi guānxi.（大丈夫。）
2声＋1声＋軽声

女朋友　　nǚ péngyou（ガールフレンド）
3声＋2声＋軽声　▶▶▶　半3声＋2声＋軽声

没意思。　Méi yìsi.（つまらない。）
2声＋4声＋軽声

吃完了。　Chī wán le.（食べ終わりました。）
1声＋2声＋軽声

没什么。　Méi shénme.（何でもありません。）
2声＋2声＋軽声

不客气。　Bú kèqi.（どういたしまして。）
2声＋4声＋軽声

感兴趣　　gǎn xìngqu（興味がある）
3声＋4声＋軽声

発音学習のヒント ③

➡声調の強化練習をする

　「音痴な人は中国語の声調がうまくできない」ということをいう人もいますが、そんなことは決してありません。なぜなら、音痴な中国人でも中国語をしっかり話しているからです。"普通话"（標準語）にはたった４つの声調しかないので、よほどおろそかにしてしまう人でない限り、どうしてもうまくできないという人はいません。問題は声調を安定させるために時々強化学習をしているか、またどこまで持続して練習をしているかにあります。

　では四声をどのようにして強化練習すればよろしいでしょうか。

1　「ドレミ」の中で低音の「ド」と高音の「ド」をそれぞれ出してみます。まず高音の「ド」の高さを中国語の１声と設定し、そのまま単母音の「a」の音に置き換えて練習します。次は低音の「ド」の高さを３声に設定し、同じく「a」の音で練習します。かなり大ざっぱな音域設定ではありますが、平坦でぼそぼそと話しがちな日本人には必要な「音域拡張」練習になります。

2　できるだけ立って声調の練習をします。そして、１声は手を使って頭上で横棒を描くようにします。３声はおへそあたりで半円を描くようにしてイメージしながら練習する方法もあります。これらはかなり効果があることも授業でもわかっています。

3　中国語はひとつひとつの漢字が特有の声調を持っているため、２文字以上の単語はお互いの声調の影響で本来通りの高さや低さを維持することが難しいのです。また３声のように半３声や２声に変化する声調変化も多くあります。それらを臨機応変に間違いなく発音できるためには、１声から４声まで、それぞれの声調を音が変わっても高さを変えずに数回連続して発声し続ける練習が不可欠です。例えば、１声なら「mā、kē、shuō、jīng……」というふうに。

　いろいろな工夫をして声調を安定させましょう！

第 ④ 章

音をつなげる
3 ステップトレーニング！

実用的な 300 フレーズでトレーニングします。1 〜 10 まででウォームアップをし、さらに日常でよく使うパターンフレーズ 90 セットに進みます。内容は簡単でも発音が難しい文や、声調が変化し音同士をつなげるのが難しい文などをとりあげています。文を少しずつ長くしていくトレーニングをすることで音をつなげる力を養います。

1 あいさつ①

🔊 ») [s/n/sn/jcn]_001

step 1 こんにちは。

你 好。
Nǐ　hǎo.

2声　　3声

●声調　"你"の3声が2声に変化します。"好"は低く抑えて3声を出し切ります。→ *p.66*
●母音・子音　"好 hǎo"の"h"は日本語の「ハ」よりのどに近いところから出します。"ao"は「アオ」と口を大きく開けて発音します。

step 2 おはようございます。

早上 好。
Zǎo　shang hǎo.

半3声　　軽声　　3声

●声調　"早"の3声は後ろに軽声がくるとき半3声になります。→ *p.72*　"上"の軽声で少し高さを上げ、"好"で再び低く抑えます。半3声＋軽声＋3声 → *p.86* "找一找"
●母音・子音　"早上 zǎoshang"は「朝」。"上 shang"はそり舌音です。→ *p.56*

step 3 こんばんは。

晚上 好。
Wǎn shang hǎo.

半3声　　軽声　　3声

●声調　声調は上の"早上好"と同じです。「おはようございます」と「こんばんは」は対にして覚えましょう。半3声＋軽声＋3声→ *p.86* "找一找"
●母音・子音　"晚上 wǎnshang"は「夜」。"上 shang"はそり舌音です。→ *p.56*

2 あいさつ ②

🔊)) [s/n/sn/jcn]_002

step 1 さようなら。

再 见。
Zài jiàn.

4声　4声

●声調　4声が2回続くときは、二音節目の4声の頭の音を意識して上げ元の高さに戻すようにしましょう。→p.68
●母音・子音　"见jiàn"は"a"を「エ」と発音します。「ア」にならないよう気をつけましょう。→p.46

step 2 また明日。

明天 见。
Míng tiān jiàn.

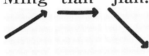

2声　1声　4声

●声調　2声を出すとき、上昇させることを忘れてしまい後ろの1声と同じ高さにしてしまいがちなので注意。4声も1声の高さから下げるように意識しましょう。
●母音・子音　"天tiān"は"a"を「エ」と発音します。「ア」にならないよう気をつけましょう。→p.46

step 3 また明後日。

后天 见。
Hòu tiān jiàn.

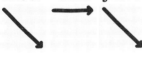

4声　1声　4声

●声調　音域の広い3音節です。高さをしっかり下まで下げてまた高く上げまた下げます。
●母音・子音　"天"、"见"の"a"は「ア」にならないよう気をつけましょう。→p.46

3 お礼の表現

🔊)) [s/n/sn/jcn]_003

step 1 ありがとうございます。

谢谢。
Xiè xie.

4声　　　軽声

> ●声調　4声は思い切り下まで下げないと、1声の高さに浮いているように聞こえてしまいます。さらに軽声を低い音でつけ足します。→*p.72*
> ●母音・子音　"谢 xiè"の「e」はあいまい母音"e"の発音ではなく、複母音で「エ」と発音します。→*p.38*

step 2 どういたしまして。

不　用　谢。
Bú　yòng　xiè.

2声　　4声　　4声

> ●声調　"不 bù"は後ろにくる4声の影響で2声に変化しています。→*p.78*　前出"再见"と同じく2回続く4声に注意。→*p.68*
> ●母音・子音　"不用"は「～する必要がない」。"用 yòng"は子音がなく鼻母音の"iong"という音です。

step 3 どういたしまして。

不　客气。
Bú　kè　qi.

2声　　4声　　軽声

> ●声調　"不 bù"は後ろにくる4声の影響で2声に変化しています。→*p.78* 上げた高さから4声を下げ、さらに軽声を低い音でつけ足します。→*p.72*
> ●母音・子音　"客气 kèqi"は「遠慮する」。"kè"は"e"があいまい母音です。「ケ」と発音しないよう気をつけましょう。→*p.32*

4 おわびの表現

🔊》[s/n/sn/jcn]_004

step 1 ごめんなさい。

对不起。
Duì bu qǐ.

4声　　軽声　　3声

●声調　"不 bù"は3音節の単語や語句のなかにはさまれるときしばしば軽声になります。最後の3声はさらに低くして出し切ってください。→ p.86
●母音・子音　"对 duì"は"d + uei"の構造で、"e"を「エ」に近い音で少し残して発音します。→ p.36

step 2 すみません。

不 好 意思。
Bù hǎo yì si.

4声　半3声　4声　軽声

●声調　二音節目の3声は後ろの4声の影響で半3声になります。半3声の後ろの4声は高い所に戻ってから下げなければなりません。→ p.66
●母音・子音　"意思 yìsi"は「意味」。"si"は「スィ」ではなく、日本語の「ス」を口を横に引いて発音するのと近い音です。→ p.58

step 3 大丈夫です。

没 关系。
Méi guān xi.

2声　　1声　　軽声

●声調　二音節目の1声は高さを下げずに伸ばして発音し、三音節目の軽声で高さを少し下げます。→ p.87
●母音・子音　"系 xì"の"xi"は「シー」に近い音です。

5　～の…　　　　　　　　　　的

🔊 [s/n/sn/jcn]_005

step 1　私の

我　的
wǒ　de
●
半3声　軽声

> ●声調　半3声の後ろの軽声は3声の低い高さから少しだけ上げます。
> →p.72
> ●母音・子音　"我 wǒ"は「オ」の音をしっかり出します。"的 de"は「デ」ではありません。あいまい母音の"e"です。→p.32

step 2　私の本

我　的　书
wǒ　de　shū
●
半3声　軽声　1声

> ●声調　最後の"书"1声は高さをキープし、語尾で下がらないよう意識しましょう。
>
> ●母音・子音　"书 shū"は「本」。子音はそり舌音で"sh"からスタートした直後に単母音の"u"を日本語の「ウー」よりも口を小さく閉じて伸ばします。

step 3　私の父の本

我　爸爸　的　书
wǒ　bà　ba　de　shū
　　　　●　●
半3声　4声　軽声　軽声　1声

> ●声調　"爸爸 bàba"も前出の"谢谢 xièxie"と同じく4声が1声になりやすいので注意。"爸 ba"＋"的 de"のふたつ続く軽声もゆっくりいってみましょう。
> ●母音・子音　"shū"の"u"は日本語の「ウー」よりも口を小さく力を込めて音を伸ばすことを意識しましょう。

6　～と…　　　　　　　　　　和

🔊)) [s/n/sn/jcn]_006

step 1　私と彼女

我　和　她
wǒ　hé　tā

半３声　２声　１声

●声調　半３声の後ろの２声はやや低いところから上げるように意識してください。→ p.64
●母音・子音　"和 hé"は「ヘ」ではありません。単母音の"e"は「エ」にならないよう注意しましょう。→ p.32

step 2　私とあなたと彼

我、你　和　他
wǒ、　nǐ　hé　tā

３声　半３声　２声　１声

●声調　最初の"我"は後ろと切り離して３声を出し切ります。最後の１声は語尾で下げないよう気をつけましょう。
●母音・子音　最後の"他 tā"の"a"は日本語の「ア」より口を大きく開いて発音してください。

step 3　私たちとあなたたちと彼ら

我们、你们　和　他们
wǒ men、nǐ men　hé　tā men

半３声　軽声　半３声　軽声　２声　１声　軽声

●声調　"我""你"半３声の後ろの"们"軽声は少し高さを上げます。→ p.72
"他"１声の後ろの軽声は少し下げます。→ p.70
●母音・子音　"们 men"は人称代名詞の複数を表します。「メン」に近い音で発音しましょう。→ p.42

7 あります。　　　　　有

🔊 [s/n/sn/jcn]_007

step 1 ありますか。

有 吗?
Yǒu　ma?

半3声　軽声

> ●声調　3声の後ろの軽声は少し高さ
> を上げます。→ p.72
> ●母音・子音　"有 yǒu" は「ユー」と
> ローマ字読みをしてはいけません。
> → p.36　"吗 ma" は疑問を表す語
> 気助詞。

step 2 あります。

有。
Yǒu.

3声

> ●声調　1音なので、しっかり3声を出し切りましょう。
>
> ●母音・子音　「ヨウ」というよりも、「イオウ」というと中国語らしい発音になります。
> → p.36

step 3 ありません。

没 有。
Méi　yǒu.

2声　　3声

> ●声調　2声の上昇はやや低いところからスタートするように意識しましょう。
>
> ●母音・子音　"ei""iou" の複母音はそれぞれ丁寧にいってみましょう。"没" は "有"
> を否定する副詞で "mei" の "e" は「エ」に近い音になります。→ p.36

8 いいです。 好

◀》) [s/n/sn/jcn]_008

step 1 いいですか。

好 吗?
Hǎo ma?

・

→

半３声　軽声

●声調　前出の"有吗?"と同じく３声の後ろの軽声は少し高さを上げます。→p.72
●母音・子音　"好 hǎo"の"ao"は「アオ」と口を大きく開けて発音します。

step 2 いいですよ。

好。
Hǎo.

３声

●声調　１音なので、しっかり３声を出し切って発音しましょう。

●母音・子音　１音なので、特に口を大きくして発音しましょう。

step 3 よくありません。

不 好。
Bù hǎo.

４声　３声

●声調　"不 bù"は声調変化なしで、４声を高い所から一気に下げてください。"好"の３声は後ろに音節がないのでしっかりと出し切りましょう。
●母音・子音　"不 bù"の"b"は無気音です。"u"の音もしっかり出しましょう。日本語の「プー」にならないように注意。→p.50

step 1 私は行きます。

我　去。
Wǒ　qù.

半3声　　4声

●声調　"我 wǒ" はここでは後ろの "去 qù" の影響で半3声になります。→p.66　後ろの4声はしっかり高い所から下げてください。
●母音・子音　"去 qù" は"qü"で、「クー」と発音しないよう気をつけましょう。→p.54

step 2 私はそこに行きます。

我　去　那儿。
Wǒ　qù　nàr.

半3声　　4声　　4声

●声調　前出の "再见" と同じく、4声が2回続くのは難しいので、二音節目の4声の頭の音を元の高さに戻すように意識しましょう。→p.68
●母音・子音　"那儿 nàr" は「ㄦ化」音です。"a + er" をひとつの音で発音します。→p.60

step 3 私はそこに行きません。

我　不　去　那儿。
Wǒ　bú　qù　nàr.

半3声　　2声　　4声　　4声

●声調　"我 wǒ" はここでは後ろの "不 bú" の影響で半3声になります。→p.64
"不 bù" はここでは後ろの4声の影響で2声に変化しています。→p.78
●母音・子音　"不 bú" の "b" は無気音です。"u" の音もしっかり出しましょう。
日本語の「プー」にならないように注意。→p.50

10 来ます。 来

◀)) [s/n/sn/jcn]_010

step 1 私は来ます。

我 来。
Wǒ lái.

半3声　2声

●声調　二音節の中で特に難しい組み合わせです。二音節目の2声は一音節目で下がった高さからそのまま上げるように意識しましょう。
→p.64
●母音・子音　"我"の複母音"uo"はやや口を開いて発音すると、ネイティブの自然な音に近くなります。
→p.40

step 2 私はここに来ます。

我 来 这儿。
Wǒ lái zhèr.

半3声　2声　4声

●声調　"来"2声を高く上昇させ、"这儿"4声を高いところから一気に下げます。

●母音・子音　"这儿 zhèr"はそり舌音と「ル化」音です。→p.60　そり舌音の"zh"は舌先を上歯茎の奥までそらして音を出してください。→p.56

step 3 私はここに来ません。

我 不 来 这儿。
Wǒ bù lái zhèr.

半3声　4声　2声　4声

●声調　"不去 búqù"と違い"不来 bùlái"の場合は"不 bù"は本来の4声のままです。"不 bù"の頭の音を高いところへ持っていくよう意識しましょう。
●母音・子音　"不 bù"の"b"は無気音です。"u"の音もしっかり出しましょう。日本語の「プー」にならないように注意。→p.50

11 これは〜です。　　　这是〜。

◀))[s/n/sn/jcn]_011

step 1 これは私のです。

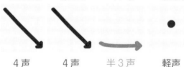

这　是　我　的。
Zhè　shì　wǒ　de.

4声　　4声　　半3声　　軽声

●声調　はじめは"这是 / 我的"と二音節ずつに切って練習しましょう。"我 的 wǒ de"は前出→p.94 "这是"は2回続く4声に注意しましょう。→p.68
●母音・子音　"这 zhè"はそり舌音の子音"zh"と"e"の音を一度分解して発音してみるときれいな音ができます。→p.32、56

step 2 これは私の名刺です。

这　是　我　的　名　片。
Zhè　shì　wǒ　de　míng piàn.

4声　　4声　　半3声　　軽声　　2声　　4声

●声調　はじめは"这是 / 我的 / 名片"と二音節ずつに軽く切って練習するときれいな声調ができます。
●母音・子音　"名片 míngpiàn"は「名刺」。"piàn"の"a"を「エ」と発音します。→p.46

step 3 これは私の名刺ではありません。

这　不　是　我　的　名　片。
Zhè　bú　shì　wǒ　de　míng piàn.

4声　　2声　　4声　　半3声　　軽声　　2声　　4声

●声調　"不是 búshì"の組み合わせはそのまま独立させて覚えましょう。"不"は2声に変化させて4声を高いところから一気に下げてください。→p.78
●母音・子音　"不是 búshì"は「〜ではない」。"bu"が強すぎて有気音"pu"にならないよう気をつけましょう。→p.50

12 あれは〜です。 那 是〜。

◀)) [s/n/sn/jcn]_012

step 1 それは彼女のです。

那 是 她 的。
Nà shì tā de.

4声　4声　1声　軽声

- ●声調　"是"の後ろの"她"の高さを高くすることに注意。また"她的"はここでは話題の中心となっているので、高さをキープしたまましばらく伸ばすようにしてください。
- ●母音・子音　"她 tā"の"a"は口を大きく「ア」と開いて発音してください。"的 de"は「デ」ではなくあいまい母音の"e"の音。→p.32

step 2 それは彼女の携帯電話です。

那 是 她 的 手 机。
Nà shì tā de shǒu jī.

4声　4声　1声　軽声　半3声　1声

- ●声調　"手机"「3声＋1声」の組み合わせは高低差があります。半3声を低く抑えたまま、思い切り高く1声へ上げます。→p.64
- ●母音・子音　"机 jī"は「ジー」と音を伸ばして発音するとよいでしょう。→p.50

step 3 それは彼女の携帯電話ではありません。

那 不 是 她 的 手 机。
Nà bú shì tā de shǒu jī.

4声　2声　4声　1声　軽声　半3声　1声

- ●声調　前出の"不是 búshì"の組み合わせ。"不"を2声に変化させて4声を高いところから一気に下げてください。→p.78
- ●母音・子音　"那 nà"の"a"は口を大きく「ア」と発音しましょう。

13 これは〜ですか。 　这 是〜吗?

step 1 これはあなたのですか。

这　　是　　你　　的　　吗?
Zhè　shì　nǐ　　de　　ma?

4声　　4声　　半3声　　軽声　　軽声

●声調　"的""吗"と軽声がふたつ続くとよりどころがないような気がしますが、疑問の"吗"は"的"より高さを上げると、疑問の語気が出て自然に聞こえます。
●母音・子音　"zhe"と"de"の"e"はあいまい母音の発音。→p.32　"这""是"はどちらもそり舌音です。→p.56

step 2 これはあなたのお金ですか。

这　　是　　你　　的　　钱　　吗?
Zhè　shì　nǐ　　de　　qián　ma?

4声　　4声　　半3声　　軽声　　2声　　軽声

●声調　"钱"2声は前の軽声とほぼ同じぐらいの高さから上昇して、最後の軽声はやや高めに出して疑問を表します。
●母音・子音　"钱 qián"は「お金」。"qián"は「チアン」ではなく、「チエン」です。→p.46

step 3 これはあなたのお財布ですか。

这　　是　　你　　的　　钱包　　吗?
Zhè　shì　nǐ　　de　　qián　bāo　ma?

4声　　4声　　半3声　　軽声　　2声　　1声　　軽声

●声調　はじめは"这是 / 你的 / 钱包吗"と切って練習しましょう。"钱包"「2声＋1声」は2声が1声にならないように低いところから上げるように意識します。
●母音・子音　"钱包 qiánbāo"は「財布」。はじめは"包 bāo"は意識的に"b"と"āo"を分け、「バアオ」と口を大きくして発音してください。

14 あれは〜ですか。　那 是〜吗?

🔊 [s/n/sn/jcn]_014

step 1 それはあなたたちのですか。

那 是 你们 的 吗?
Nà shì nǐ men de ma?

4声　4声　半3声　軽声　軽声　軽声

> ● 声調　はじめは"那是 / 你们的吗"と切って練習しましょう。最後の軽声"吗"を高く上げて疑問の語気を出します。
> ● 母音・子音　"那 nà"の"a"は口を大きく「ア」と発音しましょう。

step 2 それはあなたたちの会社ですか。

那 是 你们 的 公司 吗?
Nà shì nǐ men de gōng sī ma?

4声　4声　半3声　軽声　軽声　1声　1声　軽声

> ● 声調　"公司"の「1声＋1声」も同じ高さを維持し語尾で下げたりしないよう意識しましょう。→p.68　"们"軽声から"的"軽声で高さが少し下がります。
> ● 母音・子音　"司 sī"は「スィ」ではなく、日本語の「ス」を口を横に引いて発音するものと同じです。→p.58

step 3 それはあなたたちの貿易会社ですか。

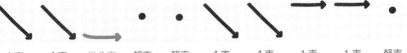

那 是 你们 的 贸易公司 吗?
Nà shì nǐ men de mào yì gōng sī ma?

4声　4声　半3声　軽声　軽声　4声　4声　1声　1声　軽声

> ● 声調　"贸易"の「4声＋4声」と"公司"の「1声＋1声」はそれぞれ同じ高さを2度繰り返すので、特に二音節目の高さに注意して練習しましょう。→p.68
> ● 母音・子音　"贸易 màoyì"は"毛衣 máoyī(セーター)"と同じ子音と母音です。

15 私は～です。　　　我 是～。

🔊)) [s/n/sn/jcn]_015

step 1 私は日本人です。

我 是 日本 人。
Wǒ shì Rì běn rén.

半3声　　4声　　4声　　半3声　　2声

●声調 "我" 3声は後ろに
1声、2声、4声と軽声が
くるときすべて半3声に。
"我"を低く抑えたまま"是"
4声で高い所から下げま
す。→ p.64、66
●母音・子音 "日 rì"、"人
rén"の子音"r"は「リ」
ではなくそり舌音です。
→ p.56

step 2 私は日本人ではありません。

我 不 是 日本 人。
Wǒ bú shì Rì běn rén.

半3声　　2声　　4声　　4声　　半3声　　2声

●声調 はじめは"我 / 不是 / 日本人"と切って練習しましょう。やはり"不是"の
組み合わせはそのまま独立させて覚えましょう。→ p.78
●母音・子音 "本 běn と人 rén"の"e"は「エ」と発音します。→ p.42

step 3 私も日本人ではありません。

我 也 不 是 日本 人。
Wǒ yě bú shì Rì běn rén.

2声　　半3声　　2声　　4声　　4声　　半3声　　2声

●声調 はじめは"我也 / 不是 / 日本人"と3つに切って練習しましょう。"我"は
後ろの"也"3声の影響で2声に変化します。→ p.66
●母音・子音 "也 yě"は「～も」という意味で、複母音"ie"の音です。"e"を「エ」
と発音します。→ p.38

104

16 あなたは〜ですか。　　　你 是〜吗?

🔊)) [s/n/sn/jcn]_016

step 1　あなたは学生です。

你　是　学生。
Nǐ　shì　xué sheng.

半3声　4声　2声　軽声

- ●声調　４声の影響で"你"３声が半３声になることに注意しましょう。"我"も同様ですが、文頭に半３声がきたときに戸惑わないように練習しましょう。→p.66
- ●母音・子音　"学 xué"は"xüe"で"e"は「エ」と発音します。→p.38 "生 sheng"はここでは軽声、"e"はあいまい母音の発音です。→p.32、42

step 2　あなたは学生ですか。

你　是　学生　吗?
Nǐ　shì　xué sheng ma?

半3声　4声　2声　軽声　軽声

- ●声調　最後の"吗"軽声を少し高く上げて疑問の語気を表します。"学生 xuésheng"の"生 sheng"は軽声です。→p.70
- ●母音・子音　"学生"の２文字とも難しい発音です。"en"と"eng"の違いに注意しましょう。→p.42

step 3　あなたは学生ではありません。

你　不　是　学生。
Nǐ　bú　shì　xué sheng.

半3声　2声　4声　2声　軽声

- ●声調　"你"の半３声の後ろの"不"の２声は頭が高くならないよう低いところから上げるように意識しましょう。→p.78
- ●母音・子音　"不 bù"の"b"は無気音です。"u"の音もしっかり出しましょう。日本語の「プー」にならないように注意。→p.50

17 私は〜します。① 我＋動詞〜。

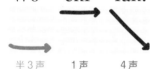[s/n/sn/jcn]_017

step 1 私は食べます。

我 吃。
Wǒ chī.

半3声　1声

●声調　"吃"の1声の影響で、"我"は3声を半3声にして低く抑えます。"吃"は1声の高さが下がらないように注意。→p.64
●母音・子音　"吃 chī"は「食べる」。そり舌音の"ch"を舌先を上の歯茎の奥に向かってそらせるようにしてください。→p.56

step 2 私はご飯を食べます。

我 吃 饭。
Wǒ chī fàn.

半3声　1声　4声

●声調　"吃"1声を語尾で少しでも下がってしまうと"去 qù"に聞こえてしまいますので注意。最後の"饭"4声は下まで下げてください。
●母音・子音　"吃饭 chīfàn"は「ごはんを食べる」。"fàn"は「ファン」に近い音で、日本語の「ハン」にならないよう気をつけましょう。

step 3 私は毎日朝ごはんを食べます。

我 每天 吃 早饭。
Wǒ měi tiān chī zǎo fàn.

2声　半3声　1声　1声　半3声　4声

●声調　"我"は後ろの"每"の影響で2声に変化します。「2声＋半3声」の組み合わせに慣れるように何度も練習してください。→p.80
●母音・子音　"天 tiān"の"a"は「エ」です。「ア」にならないよう注意しましょう。→p.46

18 私は〜します。②　　　我＋動詞〜。

🔊)) [s/n/sn/jcn]_018

step 1　私は飲みます。

我　喝。
Wǒ　hē.

半3声　　1声

●声調　前ページの "我吃" と同じ要領で「半３声＋１声」の組み合わせです。"喝 hē" １声は最後まで高いままに。→ p.64
●母音・子音　"喝 hē" は「飲む」、"e" はあいまい母音の発音です。「ヘ」と発音しないよう気をつけましょう。→ p.32

step 2　私はお茶を飲みます。

我　喝　茶。
Wǒ　hē　chá.

半3声　　1声　　2声

●声調　最後の "茶" の２声は、前の音は "喝" １声の音から一度下げてから発音します。
●母音・子音　"茶 chá" はそり舌音。"ch" の後ろの "a" は出しにくいですが、口を大きく「ア」と開くことを意識しましょう。→ p.56

step 3　私は朝お茶を１杯飲みます。

我　早上　喝　一　杯　茶。
Wǒ　zǎo shang　hē　yì　bēi　chá.

2声　　半3声　軽声　　1声　　4声　　1声　　2声

●声調　はじめは "我 / 早上 / 喝 / 一杯茶" と切って練習しましょう。"一杯 yìbēi" の "一" は後ろに同じ１声が続く場合、４声に変化します。→ p.76
●母音・子音　"杯 bēi" の "b" は無気音です。日本語の「ペ」とは異なる音なので「ペー」と強すぎないよう気をつけましょう。→ p.50

19 私は〜します。③ 　　我＋動詞〜。

◀)) [s/n/sn/jcn]_019

step 1 私は聴きます。

我 听。
Wǒ tīng.

半3声　　1声

●声調　前出の"我吃""我喝"と同じ
　要領です。低く抑えたまま一旦停止
　し、今度は高い1声を最後まで伸ば
　しましょう。→*p.64*
●母音・子音　"听 tīng"は「聴く、聞
　く」。鼻母音"in"と"ing"の違い
　に注意しましょう。→*p.44*

step 2 私は音楽を聴きます。

我 听 音乐。
Wǒ tīng yīn yuè.

半3声　　1声　　1声　　4声

●声調　"音 yīn"の声調は前の"听"と同じで1声を高いまま語尾で下げないよう
　にしてください。"乐 yuè"の4声で下まで下げます。
●母音・子音　"音乐 yīnyuè"は「音楽」、2文字とも子音がついていません。"yuè"
　は複母音の"üe"で、"e"は「エ」です。→*p.38*

step 3 私はクラシック音楽を聴きます。

我 听 古典 音乐。
Wǒ tīng gǔ diǎn yīn yuè.

半3声　　1声　　2声　　半3声　　1声　　4声

●声調　はじめは"我听／古典／音乐"のように、二音ずつ軽く切って発音してみま
　しょう。"古 gǔ"はここでは後ろの"典"の影響で2声に変化します。→*p.66*
●母音・子音　"古典音乐"は「クラシック音楽」。"gǔ"は「ジュゥ」ではなく、「グー」
　に近い音です。"diǎn"の"a"は「エ」です。→*p.46*

20 私は〜します。④　　　我＋動詞〜。

🔊))) [s/n/sn/jcn]_020

step 1　私は見ます。

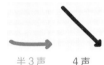

我　看。
Wǒ　kàn.

半３声　　４声

● 声調　"我"は後ろの"看"４声の影響で半３声に低く抑えたままです。"看"４声は高い所から下まで下げます。→ p.66
● 母音・子音　"看 kàn"は「見る、読む」。日本語の「カン」の音とは少し違い、"an"が「エン」に近い「アン」の音になります。

step 2　私はテレビを見ます。

我　看　电视。
Wǒ　kàn　diàn　shì.

半３声　　４声　　４声　　４声

● 声調　４声が３つも続きますが、必ず上まで高さを戻してから下げてください。→ p.68
● 母音・子音　"电视 diànshì"は"テレビ"、"视 shì"は「シー」ではありません。そり舌音で、舌をそらしたままで発音してください。→ p.56

step 3　私はテレビを１時間見ます。

我　看　一　个　小时　电视　。
Wǒ　kàn　yí　ge　xiǎo　shí　diàn　shì.

半３声　４声　２声　軽声　半３声　２声　４声　４声

● 声調　はじめは"我看 / 一个小时 / 电视"と切って練習しましょう。"个"はもともとは４声"gè"。その影響で"一"は２声に変化します。→ p.76
● 母音・子音　"一个小时"は「一時間」、"个 ge"は「ゲ」ではありません。あいまい母音の"e"で発音してください。p.32

21 あなたは〜しますか。① 你＋動詞＋吗？

[s/n/sn/jcn]_021

step 1 あなたは飲みます。

你 喝。
Nǐ hē.

半3声　1声

- ●声調　前出の"我喝"と同じ要領です。"喝"の1声は最後まで高いままにするよう注意してください。→ p.64
- ●母音・子音　"喝 hē"が「ヘ」とならないようあいまい母音の"e"を出してください。→ p.32

step 2 あなたはお茶を飲みますか。

你 喝 茶 吗?
Nǐ hē chá ma?

半3声　1声　2声　軽声

- ●声調　"茶"2声は前の1声より高さを一度下げてから上昇させます。最後の軽声は高さを少し高くして疑問を表します。
- ●母音・子音　"茶 chá"はそり舌音の子音と単母音の"a"の組み合わさった音。舌先を上の歯茎の奥に向かってそらせてからすぐに口を開き「ア」といいます。

step 3 あなたは朝お茶を飲みますか。

你 早上 喝 茶 吗?
Nǐ zǎo shang hē chá ma?

2声　半3声　軽声　1声　2声　軽声

- ●声調　"你"は後ろの"早"の影響で2声に変化します。→ p.66　"早上"の場合は"早"を半3声に低く抑えて"上"軽声で軽くあげてください。→ p.72
- ●母音・子音　"喝茶 hēchá"は単母音"e"と"a"の音をしっかり出しましょう。→ p.32

110

22 あなたは〜しますか。② 你＋動詞＋吗？

🔊)) [s/n/sn/jcn]_022

step 1 あなたは来ます。

你 来。
Nǐ lái.

半3声　　2声

> ●声調 "你"は最初から低く下げ、"来" の2声の頭の音を低い高さから始め られるようにします。"你" を低く 抑えられるかがカギです。→p.64
> ●母音・子音 2音節とも難しい発音 ではありません。声調だけ気をつけ てゆっくりいってみましょう。

step 2 あなたは来ますか。

你 来 吗?
Nǐ lái ma?

半3声　　2声　　軽声

> ●声調 最後の軽声 "吗 ma" は疑問を表しますので、2声を高く上げたところで軽 声を伸ばさずに出してください。
> ●母音・子音 最後の "ma" の "a" は「ア」と口を大きく開かなくても大丈夫です。

step 3 あなたは日本に来ますか。

你 来 日本 吗?
Nǐ lái Rì běn ma?

半3声　　2声　　4声　　半3声　　軽声

> ●声調 はじめは "你来 / 日本吗" で練習してみましょう。"日本吗" は高い所から 4声を下げ、下げた高さで半3声に、最後の軽声を少し上げます。→p.72
> ●母音・子音 "日本 Rìběn" の "ri" は「リ」ではありません。舌先を上の歯茎より 奥に向かってそらし、上の歯茎に触れないで発音します。→p.56

23 あなたは～しますか。③ 你＋動詞＋吗？

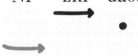

step 1 あなたは知っています。

你 知道。
Nǐ　　zhī dao.

半3声　　1声　　軽声

●声調 "你"は最初から低く抑えて、"知"でいきなり高い1声へいきます。"道"の軽声で少し高さを下げます。→ p.64、70
●母音・子音 "知道 zhīdao"は「知っている」。そり舌音の"zhī"を重点的に練習しましょう。舌先を上の歯茎より奥に向かってそらしてから離します。→ p.56

step 2 あなたは知っていますか。

你 知道 吗?
Nǐ　　zhī dao ma?

半3声　　1声　　軽声　　軽声

●声調 "道""吗"は軽声の連続ですが、最後の軽声を前の軽声より少しだけ高くし、疑問の語気を表します。
●母音・子音 "吗 ma"の単母音"a"は口を大きく開かなくても大丈夫です。

step 3 あなたはこのことを知っていますか。

你 知道 这 件 事 吗?
Nǐ　zhī dao　zhè jiàn shì　ma?

半3声　1声　軽声　4声　4声　4声　軽声

●声調 はじめは"你知道 / 这件事吗"と切ってみましょう。"这件事"は4声が3つも続きますが、どれも頭を高い所へ戻すようにしてから下げるよう意識します。
●母音・子音 "这件事 zhèjiànshì"は「この件」、"件 jiàn"は用件を数える量詞で、「ジアン」ではなく「ジエン」です。→ p.46

24 あなたは〜しますか。④　你＋動詞＋吗？

🔊)) [s/n/sn/jcn]_024

step 1　あなたは好きです。

你 喜欢。
Nǐ　xǐ　huan.

2声　　半3声　　軽声

●声調　"你"は後ろの"喜"3声の影響で2声に変化します。→ *p.66*
"喜"は後ろの"欢"軽声の影響で半3声に変化します。→ *p.72*
●母音・子音　"喜欢 xǐhuan"は「好きだ」、"huan"は"fan ファン"にならないよう、上歯と下唇が触れないよう気をつけましょう。→ *p.52*

step 2　あなたは好きですか。

你 喜欢 吗?
Nǐ　xǐ　huan　ma?

2声　　半3声　　軽声　　軽声

●声調　"你"と"喜欢吗"をつなげると"你"の3声は2声に変化します。→ *p.66*
●母音・子音　"吗 ma"の単母音"a"は口を大きく開かなくても大丈夫です。

step 3　あなたは彼女のことが好きですか。

你 喜欢 她 吗?
Nǐ　xǐ　huan　tā　ma?

2声　　半3声　　軽声　　1声　　軽声

●声調　"欢"の軽声から"她"1声へつなげるところで1声の高さが下がらないように注意。
●母音・子音　"喜欢"と"她"をまず別々に発音練習しましょう。"她 tā"の"a"は口を大きく開いてください。

113

25 ～しました。　　　　　　動詞＋了。

🔊 [s/n/sn/jcn]_025

step 1 買いました。

买 了。
Mǎi le.

半3声　軽声

●声調　"买"は半3声になります。初めから低く抑えるように注意。"了"の軽声は高さが少し上がります。→p.72
●母音・子音　"买 mǎi"は「買う」。発音は「メイ」ではありません。"ai"を「アイ」と口を大きく開いて発音してください。

step 2 本を1冊買いました。

买 了 一 本 书。
Mǎi le yì běn shū.

半3声　軽声　4声　半3声　1声

●声調　"一本书"のかたまりを何度も練習しましょう。"一"は4声になります。→p.76　"本"半3声から"书"1声の高さまで一気にもっていきます。
●母音・子音　"本 běn"は本を数える量詞で、"e"はあいまい母音の発音ではなく「エ」と発音します。→p.42

step 3 私は本を1冊買いました。

我 买 了 一 本 书。
Wǒ mǎi le yì běn shū.

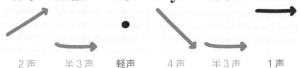

2声　半3声　軽声　4声　半3声　1声

●声調　"我买"がスムーズに行くかがポイントです。"我"は後ろの"买"の3声の影響で2声に変化します。→p.66　"买"は"了"の軽声の影響で半3声に。
●母音・子音　"书 shū"は子音がそり舌音→p.56　単母音の"u"は日本語の「ウ」よりも力を込めて伸ばして発音してください。

26 ～していません。　　　没（有）＋動詞～。

🔊 [s/n/sn/jcn]_026

step 1 言っていません。

没 说。
Méi shuō.

2声　　1声

●声調 "没" 2声の後ろの "说" は低くならないように注意。
●母音・子音 "没 méi" は後ろに動詞をつけると、動作が実現していなかったことを表します。"说" の "sh" はそり舌音。"sh + uō" が滑らかにいくよう練習しましょう。→ p.40、56

step 2 私は言っていません。

我 没 说。
Wǒ méi shuō.

半3声　　2声　　1声

●声調 "我" の半３声と "没" ２声の連続がうまくいくかがポイント。→ p.64
●母音・子音 "我" の複母音 "uo"「ウオ」をやや口を開いて発音すると、ネイティブの自然な音に近くなります。→ p.40

step 3 私は嘘を言っていません。

我 没 说 假 话。
Wǒ méi shuō jiǎ huà.

半3声　　2声　　1声　　半3声　　4声

●声調 "假" は半３声なので低く抑え、"话" の４声の頭の音を高い位置から始めることを意識しましょう。→ p.66
●母音・子音 "话 huà" の "ua" の音をしっかり出すように心がけましょう。→ p.52

27 〜はありますか。 有〜吗?

step 1 時間がありますか。

有 空儿 吗?
Yǒu kòngr ma?

半3声　　4声　　　軽声

- ●声調　"有"の半3声の高さを頭から抑えられるかがポイント。"吗"の軽声はやや高めに出して疑問の語気を表します。
- ●母音・子音　"空儿 kòngr"は"ひま"。「儿化」音で、"kong + er"の組み合わせです。→ p.60

step 2 今、時間がありますか。

现在 有 空儿 吗?
Xiàn zài yǒu kòngr ma?

4声　　4声　　半3声　　4声　　軽声

- ●声調　はじめは"现在 / 有空儿吗"とふたつに切って練習。"在"で高さを下げ、"有"の半3声につなげるようにしてください。
- ●母音・子音　"现在 xiànzài"は"いま"、"xiàn"は「シアン」ではなく「シエン」です。"a"は「エ」です。→ p.46

step 3 今、あなたは時間がありますか。

现在 你 有 空儿 吗?
Xiàn zài nǐ yǒu kòngr ma?

4声　　4声　　2声　　半3声　　4声　　軽声

- ●声調　"现在 / 你 / 有空儿吗"のように軽く切ってみましょう。"你"を瞬時に2声に変化できるかがポイント。"你有空儿"「2声+半3声+4声」は→ p.80
- ●母音・子音　"你 nǐ"の"i"は日本語の「イ」よりも口を横に開くようにしましょう。

28 ～はいますか。 ～在 吗?

🔊)) [s/n/sn/jcn]_028

step 1 彼はいます。

他 在。
Tā zài.

1声　4声

> ●声調　1 声を語尾で下げないよう少し伸ばして発音したあと、4 声で一気に下げてください。
> ●母音・子音　"在 zài" は所在を表す動詞で、"ai" の「アイ」をはっきりいってみましょう。

step 2 彼はいますか。

他 在 吗?
Tā zài ma?
●

1声　4声　軽声

> ●声調　最後の軽声は疑問の "吗" なので、通常の軽声より少し高めに出します。
>
> ●母音・子音　"他" の単母音 "a" は口を大きく「ア」と発音しましょう。

step 3 彼はいませんか。

他 不 在 吗?
Tā bú zài ma?
　　　　　　　●

1声　2声　4声　軽声

> ●声調　"不在" のかたまりで捉えることができるかがポイント。→ p.78
> ●母音・子音　"他 / 不在吗" のように軽く切って練習してみましょう。"不" を「プー」と発音しないよう気をつけましょう。→ p.50

29 〜ではないですか。① 不〜吗?

◀ ») [s/n/sn/jcn]_029

step 1 疲れていますか。

累 吗?
Lèi ma?

4声 　軽声

●声調　通常4声の後ろの軽声は第4
声で下がったところの高さから軽声
を出しますが、ここの軽声は疑問の
"吗"なので、少し高くします。
●母音・子音　"累 lèi"は「疲れる」、
日本語の「レイ」に近い発音をしま
すが、「ルイ」と発音しないよう気
をつけましょう。

step 2 疲れていませんか。

不 累 吗?
Bú lèi ma?

2声 　4声 　軽声

●声調　"不累"のかたまりで捉えることができるかがポイント。→p.78

●母音・子音　"不 bù"の"b"は無気音です。"u"の音もしっかり出しましょう。
日本語の「プー」にならないように注意。→p.50

step 3 あなたは疲れていませんか。

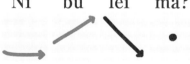

你 不 累 吗?
Nǐ bú lèi ma?

半3声 　2声 　4声 　軽声

●声調　はじめは"你/不累吗"と切って練習しましょう。後ろの"不"の声調変化に
惑わされずに"你"が半3声になるとすぐにわかることがポイント。→p.64、78
●母音・子音　"你 nǐ"の"i"は日本語の「イ」よりも口を横に開くようにしましょう。

30 〜ではないですか。② 没（有）〜吗？

🔊 [s/n/sn/jcn]_030

step 1 おもしろいです。

有 意思。
Yǒu yì si.

半3声　4声　軽声

●声調　切らずにひとつのかたまりで
捉えましょう。"有"の半3声を低
く抑えることができるかがポイン
ト。→p.66
●母音・子音　"有意思 yǒuyìsi"は"面
白い"、"yǒu"は「ユー」ではあり
ません。→p.36　"si"も「スイ」
にならないよう「ス」と発音しましょ
う。→p.58

step 2 おもしろくないですか。

没 有 意思 吗？
Méi yǒu yì si ma?

2声　半3声　4声　軽声　軽声

●声調　このフレーズも切らずにひとつのかたまりで捉えましょう。

●母音・子音　"méi"の"éi"をはっきり出しましょう。→p.38

step 3 映画はおもしろくないですか。

电影 没 有 意思 吗？
Diàn yǐng méi yǒu yì si ma?

4声　半3声　2声　半3声　4声　軽声　軽声

●声調　"电影"の"影"は後ろの"没"と離し、3声を半3声にしなくてもかまいません。
いいなれてきたら今度は半3声にして後ろの2声につなげます。→p.64
●母音・子音　"电影 diànyǐng"は「映画」、"yǐng"は"in"より少し伸ばすと中国
語らしく聞こえます。→p.44

私は〜です。 ②形容詞　　我＋很＋形容詞。

 [s/n/sn/jcn]_031

step 1 忙しいです。

很 忙。
Hěn máng.

半3声　　2声

●声調　「半3声＋2声」は2音節のなかでとても難しい組み合わせです。"很"半3声をはじめから低く抑え、"忙"をそのほぼ同じ低い位置から上昇させます。→*p.64*
●母音・子音　"很 hěn"は形容詞の前に置き「とても」の意味。"en"は「エン」に近い音です。→*p.42*

step 2 私は忙しいです。

我 很 忙。
Wǒ　hěn　máng.

2声　　半3声　　2声

●声調　"我"は後ろの"很"の3声の影響で2声に変化します。さらに"很"は半3声で低く抑えます。→*p.80*
●母音・子音　"忙 máng"の"ang"は「アーン」に近い音です。やや伸ばして発音してみましょう。

step 3 最近私は忙しいです。

最近 我 很 忙。
Zuì　jìn　wǒ　hěn　máng.

4声　　4声　　2声　　半3声　　2声

●声調　はじめは"最近 / 我很忙"と切って練習しましょう。"最"の4声の頭の音と"近"の4声の頭の音の高さが同じになるように意識しましょう。→*p.68*
●母音・子音　"最近 zuìjìn"の"zuì"は"z + uei"です。軽く"e"(「エ」)の音を残して発音しましょう。→*p.38*

32 あなたは〜ですか。②形容詞 你＋形容詞＋吗？

◀)) [s/n/sn/jcn]_032

step 1 お元気ですか。

你 好 吗？
Nǐ hǎo ma?

2声　半3声　軽声

- ●声調 "你好"のかたまりに"吗"軽声をつけます。「3声＋軽声」のつながりに注意しましょう。→p.72
- ●母音・子音 "好 hǎo"の"ao"は「アオ」と口を大きく開けて発音します。

step 2 体調はいかがですか。

你 身体 好 吗？
Nǐ shēn tǐ hǎo ma?

半3声　1声　2声　半3声　軽声

- ●声調 "身体"が間に入るだけで"你"は半3声になり"体"は"好"とつながると2声になります。はじめは"身体"で切って"体"を3声にしてもかまいません。
- ●母音・子音 "身体 shēntǐ"は「体、体調」。"shen"の"en"は「エン」に近い発音をします。→p.42

step 3 ご両親の体調はいかがですか。

你 父母 身体 好 吗？
Nǐ fù mǔ shēn tǐ hǎo ma?

半3声　4声　半3声　1声　2声　半3声　軽声

- ●声調 "父母"で切って"母"を3声にしてもかまいません。一文を通してつなげるときは半3声にします。→p.64
- ●母音・子音 "父母 fùmǔ"は「両親」、それぞれの単母音"u"を「ウ」よりも音を伸ばして発音してみましょう。

33 ～にいます。 在～。

[s/n/sn/jcn]_033

step 1 家にいます。

在 家。
Zài jiā.

4声　1声

●声調　4声をしっかり下まで下げて
から再び1声の高さへ戻ります。
●母音・子音 "家 jiā" の "a" は口を
大きく「アー」と開いてください。

step 2 彼は家にいます。

他 在 家。
Tā zài jiā.

1声　4声　1声

●声調　最初の "他" 1声の語尾が下がらないように気をつけましょう。"在" の頭
の音の高さは "他" の語尾の高さと同じことを意識。
●母音・子音　それぞれの母音 "a" を口を大きく「ア」と開いてください。

step 3 彼は夜、家にいます。

他 晚上 在 家。
Tā wǎn shang zài jiā.

1声　半3声　軽声　4声　1声

●声調　最初の "他 tā" と最後の "家 jiā" はそれぞれ高さをキープして下げないよ
う気をつけましょう。
●母音・子音　"晚上 wǎnshang" の "an と ang" の部分の違いを確認しましょう。
"an" は「エン」に近い「アン」、"ang" は「アーン」に近い発音です。

34 ～しているところです。 在＋動詞＋～呢。

🔊 [s/n/sn/jcn]_034

step 1 電話をかけているところです。

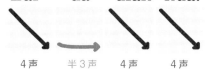

在 打 电话。
Zài dǎ diàn huà.

4声　半3声　4声　4声

- ●声調　"打电话"はかたまりで覚えましょう。"打"をしっかり半3声で低く抑えられるかがポイント。→ p.66
- ●母音・子音　"打 dǎ"は手を動かして何かをする動作動詞です。声調が低いため、"a"の音が中途半端になりやすいので、しっかり「アー」と口を開いて発音しましょう。

step 2 私は電話をかけているところです。

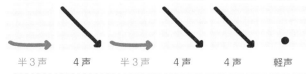

我 在 打 电话 呢。
Wǒ zài dǎ diàn huà ne.

半3声　4声　半3声　4声　4声　軽声

- ●声調　"我"を低く半3声に抑えましょう。→ p.66 "呢"の軽声は"话"で下がった音の高さのままいってみましょう。→ p.72
- ●母音・子音　"电话 diànhuà"の"huà"は「ファー」ではありません。上歯と下唇が触れないよう「ホゥア」に近い発音をします。→ p.52

step 3 私は彼に電話をかけているところです。

我 在 给 他 打 电话 呢。
Wǒ zài gěi tā dǎ diàn huà ne.

半3声　4声　半3声　1声　半3声　4声　4声　軽声

- ●声調　"在～呢"は「今～しているところ」。はじめは"我在/给他/打电话"と切りましょう。"给他"は「半3声＋第1声」。半3声は低く抑えましょう。→ p.64
- ●母音・子音　最後の"呢 ne"は語気助詞で「電話中」である事実を知らせる役目をしています。"e"は強くしすぎずに軽く発音します。

35 ～で…をします。 在＋場所＋…。

◀)) [s/n/sn/jcn]_035

step 1 ここにいます。

在 这儿。
Zài　zhèr.

4声　4声

> ●声調　"这儿"の頭の音の高さを"在"の頭の音の高さと同じにするように意識しましょう。→p.68
> ●母音・子音　"这儿 zhèr"は「ここ」。「儿化」音です。最後は舌を上に浮かせて止まるような状態です。→p.60

step 2 私はここにいます。

我 在 这儿。
Wǒ　zài　zhèr.

半3声　4声　4声

> ●声調　"我"半3声を低く抑えたまま、"在"で高い位置から4声を下げます。→p.66
> ●母音・子音　"在这儿 zàizhèr"のそれぞれの子音"z"と"zh"の違いに気をつけましょう。"zh"は舌先を上の歯茎より奥に向かってそらして発音します。→p.56、58

step 3 私はここであなたを待ちます。

我 在 这儿 等 你。
Wǒ　zài　zhèr děng　nǐ.

半3声　4声　4声　2声　3声

> ●声調　はじめは"我在这儿 / 等你"のようにふたつに切って練習しましょう。"等"の2声に注意しましょう。→p.66
> ●母音・子音　"等 děng"は「待つ」。鼻母音"eng"の"e"はあいまい母音の発音です。→p.42

36 〜で…しています。 動詞＋在＋〜。

🔊)) [s/n/sn/jcn]_036

step 1 東京に住んでいます。

住 在 东京。
Zhù zài Dōng jīng.

4声 4声 1声 1声

- ●声調 はじめは"住在／东京"「4声＋4声」と「1声＋1声」で2音ずつ切りましょう。→ p.68
- ●母音・子音 "住在 zhùzài 〜"は「〜に住む」。子音"zh"と"z"の違いに気をつけましょう。"zh"は舌先を上の歯茎より奥に向かってそらして発音します。→ p.56、58

step 2 私は東京に住んでいます。

我 住 在 东京。
Wǒ zhù zài Dōng jīng.

半3声 4声 4声 1声 1声

- ●声調 はじめは"我／住在／东京"で切って練習しましょう。"我"は最初から低く抑えて一旦停止し、次の4声は高い所から下まで下げてください。→ p.66
- ●母音・子音 "东京 dōngjīng"のそれぞれの鼻母音"ong"と"ing"は伸ばして発音しましょう。→ p.44

step 3 私は東京の郊外に住んでいます。

我 住 在 东京 的 郊外。
Wǒ zhù zài Dōng jīng de jiāo wài.

半3声 4声 4声 1声 1声 軽声 1声 4声

- ●声調 はじめは"我住在／东京的／郊外"と3つに切って練習しましょう。
- ●母音・子音 "郊外 jiāowài"のそれぞれの複母音の"a"を「ア」とはっきりいってみましょう。

37 どうぞ〜してください。请〜。

🔊》[s/n/sn/jcn]_037

step 1 どうぞお入りください。

请 进。
Qǐng jìn.

半3声　4声

●声調 "请" 3声を半3声にして低く抑えて "进" の4声を高い所から下げてください。→ p.66
●母音・子音 "ing と in" の違いに気をつけましょう。"ing" は "in" よりやや長めに発音するといいです。→ p.44

step 2 どうぞお入りください。

请 进 来。
Qǐng jìn lai.

半3声　4声　軽声

●声調 "进来 jìnlai" の "来" は方向補語で軽声となることが多いです。「4声＋軽声」の組み合わせについては→ p.72
●母音・子音 "请进" を声調と母音・子音ともにはっきりと→ p.44、"来" は軽くいってみてください。

step 3 どうぞ部屋の中にお入りください。

请 你 进 房 间 里 来。
Qǐng nǐ jìn fáng jiān li lai.

2声　半3声　4声　2声　1声　軽声　軽声

●声調 はじめは "请你 / 进房间里来" と切っていってみましょう。最後の軽声は前の "里" より少しだけ語尾を上げます。
●母音・子音 "房间 fángjiān" は「部屋」。"ang" は「アーン」に近く、"ian" は「イエン」→ p.46

38 〜していただけませんか？ 能 不 能〜?

🔊)) [s/n/sn/jcn]_038

step 1 私にくださいませんか。

能 不 能 给 我?
Néng bu néng gěi wǒ?

2声　軽声　2声　2声　3声

● 声調　はじめは "能不能 / 给我" とふたつに切ってみましょう。"不 bù" は "能不能" のような反復疑問文に使われるときに軽声になります。→ p.86

● 母音・子音　"能" は助動詞で、「〜ができる」意味。鼻母音の部分 "eng" の "e" は単母音の発音です。「ネン」と発音しないよう意識しましょう。→ p.42

step 2 私に1枚くださいませんか。

能 不 能 给 我 一 张?
Néng bu néng gěi wǒ yì zhāng?

2声　軽声　2声　2声　半3声　4声　1声

● 声調　"一" は後ろの "张" 1声の影響で4声に変化します。→ p.76

● 母音・子音　"给我 gěiwǒ" は「私にくれる」。"ei" "uo" の複母音をはっきり出します。→ p.38、40　"我" は "uo" を「ウオー」に近い音でいってください。

step 3 私に名刺を1枚くださいませんか。

能 不 能 给 我 一 张 名 片 ？
Néng bu néng gěi wǒ yì zhāng míng piàn?

2声　軽声　2声　2声　半3声　4声　1声　2声　4声

● 声調　"名片" の "片" 4声を高い所から下げてください。

● 母音・子音　"名片 míngpiàn" は「名刺」。"piàn" は「ピアン」ではなく「ピエン」に近い音です。→ p.46

127

39 私は〜したいです。① 我 想〜。

🔊 ») [s/n/sn/jcn]_039

step 1 私は買いたいです。

我 想 买。
Wǒ xiǎng mǎi.

2声　2声　3声

> ●声調　3音節はすべてつなげ、"我""想"のふたつの3声はどちらも2声に変化させ、"买"は3声を出し切ってください。→ p.81
> ●母音・子音　"想买 xiǎngmǎi"のそれぞれの"a"をどれも口を大きく「ア」と開きましょう。「シエン」や「メイ」にならないよう気をつけましょう。→ p.46

step 2 私はパソコンが買いたいです。

我 想 买 电脑。
Wǒ xiǎng mǎi diàn nǎo.

2声　2声　半3声　4声　3声

> ●声調　"我想买 / 电脑"で切って練習しましょう。前半の3つの3声はどれも変化します。最後の"脑"の3声を出し切ってください。→ p.81、66
> ●母音・子音　"电脑 diànnǎo"は「パソコン」、"脑 nǎo"は「ノー」と発音しないよう気をつけましょう。

step 3 私は新しいパソコンが買いたいです。

我 想 买 新 的 电脑。
Wǒ xiǎng mǎi xīn de diàn nǎo.

2声　2声　半3声　1声　軽声　4声　3声

> ●声調　"买"の半3声の後ろに来る"新"の1声は思い切り高く伸ばすように発音しましょう。
> ●母音・子音　"新的 xīnde"の"xīn"は「シン」に近い音です。→ p.44

128

40 私は〜したいです。 ② 我 要〜。

🔊)) [s/n/sn/jcn]_040

step 1 私は見たいです。

我 要 看。
Wǒ yào kàn.

半3声　4声　4声

- ●声調 "我" の半3声を低く抑え、"要""看" の4声はどれも高い位置から下げるように意識してください。→p.66、68
- ●母音・子音 "要 yào" を「ヨー」ではなく、「イアオ」です。

step 2 私は新聞が読みたいです。

我 要 看 报纸。
Wǒ yào kàn bào zhǐ.

半3声　4声　4声　4声　3声

- ●声調 "我要看 / 报纸" で切って練習しましょう。3つの4声はこの区切りに関係なく同じ高低を3回繰り返します。→p.68
- ●母音・子音 "报纸 bàozhǐ" は「新聞」。"纸 zhǐ" は「ジー」ではありません。そり舌音の "zh" は上の歯茎より奥に向かってそらして発音します。→p.56

step 3 私は今日の新聞が読みたいです。

我 要 看 今天 的 报纸。
Wǒ yào kàn jīn tiān de bào zhǐ.

半3声　4声　4声　1声　1声　軽声　4声　3声

- ●声調 "今天" のふたつの1声は高いところを伸ばして発音し、後ろの "的" 軽声で軽く下げます。→p.70
- ●母音・子音 "今天 jīntiān" は高く平らにキープしながらそれぞれの鼻母音をよく確認してください。"a" は「エ」と発音します。→p.46

129

41 ～しなければなりません。 得～。

step 1 私は行かなければなりません。

我　得　走。
Wǒ　děi　zǒu.

2声　　2声　　3声

●声調　３音節すべて３声ですが、"我""得" のふたつの３声を２声に変化し、最後の "走" は３声を出し切ります。→p.81
●母音・子音　"得" は多音字です。いくつかの発音があります。ここでは助動詞で「〜をしなければならない」という意味で "děi" と発音します。→p.38

step 2 私はすぐ行かなければなりません。

我　得　马上　走。
Wǒ　děi　mǎ shàng zǒu.

2声　　2声　　半3声　4声　　3声

●声調　"我得" の「２声＋２声」につられず "马" で低く抑えらるかがポイントです。→p.66　最後の "走" は３声を出し切ります。
●母音・子音　"马上 mǎshàng" は「すぐに」。"走 zǒu" は「歩く」、ここでは「出かける」という意味。"zǒu" は "zuǒ" と違うので注意しましょう。→p.40

step 3 今私はすぐ行かなければなりません。

现在　我　得　马上　走。
Xiàn zài　wǒ　děi　mǎ shàng zǒu.

4声　　4声　　2声　　2声　　半3声　4声　　3声

●声調　"现在 / 我得 / 马上走" で切って練習してみましょう。"现在" の４声はどれも高い位置から思いきり下まで下げてください。→p.68
●母音・子音　"现在 xiànzài" の "xiàn" を「シャン」と発音しないよう気をつけましょう。ここで "a" を「エ」と発音します。→p.46

42 ～すべきです。　　　　　　応该～。

◀)) [s/n/sn/jcn]_042

step 1　あなたは参加すべきです。

你　应该　参加。
Nǐ　yīng　gāi　cān　jiā.

半３声　1声　1声　1声　1声

> ●声調　"你"の半３声の後ろは１声が４回も続くので、最後まで気を抜かず高さをキープしましょう。→p.68
> ●母音・子音　"应该 yīnggāi"は「〜をすべきだ」という意味。"参"の"cān"は「カン」といわないよう、子音の"c（ツ）"に注意しましょう。→p.58

step 2　あなたは会議に参加すべきです。

你　应该　参加　会议。
Nǐ　yīng　gāi　cān　jiā　huì　yì.

半３声　1声　1声　1声　1声　4声　4声

> ●声調　"应该"「１声＋１声」と"会议"「４声＋４声」の高さをそれぞれ意識して練習しましょう。→p.68
> ●母音・子音　"会议 huìyì"の"huì"は"h＋uei"で"e（エ）"の音を軽く残して発音しましょう。→p.38、52

step 3　あなたは今日の会議に参加すべきです。

你　应该　参加　今天　的　会议。
Nǐ　yīng gāi　cān　jiā　jīn　tiān　de　huì　yì.

半３声　1声　1声　1声　1声　1声　1声　軽声　4声　4声

> ●声調　"应该参加今天"はすべて１声です。音を高くキープしましょう。→p.68
> ●母音・子音　"参 cān"を「カン」にならないよう気をつけましょう。

43 とても〜です。 很〜。

🔊 [s/n/sn/jcn]_043

step 1 いいです。

很 好。
Hěn hǎo.

2声 3声

●声調 "很"は"好"の3声の影響で、2声に変化します。→p.66
●母音・子音 "很 hěn""好 hǎo"の"h"は日本語の「ヘ」ではなく、のどから出す音です。"很好"は幅広く使える褒めことばです。やさしい発音ですので、声調を整え丸ごと暗記して使いましょう。

step 2 私は元気です。

我 很 好。
Wǒ hěn hǎo.

半3声 2声 3声

●声調 3音節とも3声ですが、"我"と"很好"のふたつに分け、"我"を半3声に低く抑えます。そのあとは step1 と同じです。→p.81、66
●母音・子音 "我 wǒ"は「ウォー」というよりも「ウオ」としっかり"uo"の音を出します。→p.40

step 3 私は体調がいいです。

我 身体 很 好。
Wǒ shēn tǐ hěn hǎo.

半3声 1声 半3声 2声 3声

●声調 これも3声が複雑に変化する一文ですが、"我身体 / 很好"で軽く切りましょう。軽く切るので"体"は半3声に、"很"は2声になります。→p.64、66
●母音・子音 "身"の"shen"をそり舌音で舌を上の歯茎より奥に向かってそらして発音します。→p.42、56

44 〜すぎます。　　　太〜了。

◀)) [s/n/sn/jcn]_044

step 1 （値段が）高すぎます。

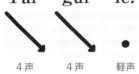

太　贵　了。
Tài　guì　le.

4声　4声　軽声

●声調　ふたつの４声を上下を２回繰り返したあと、最後の軽声を前の４声を下げたついでに出します。→p.68、72
●母音・子音　"贵 guì" は「値段が高い」。"guì" は "g＋uei"。"e" の音が入ることに注意しましょう。→p.36

step 2 これは（値段が）高すぎます。

这个　太　贵　了。
Zhèi　ge　tài　guì　le.

4声　軽声　4声　4声　軽声

●声調　"这个／太贵了" とふたつに切って練習しましょう。"太" を高い位置から下げることを意識してください。
●母音・子音　"这个" は「これ、この」、"这" は "zhè" とも zhèi" とも発音できます。"个 ge" は「ゲ」といわないようあいまい母音 "e" 音で発音しましょう。→p.32

step 3 私は、これは（値段が）高すぎると思います。

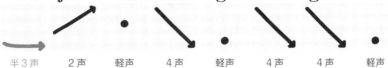

我　觉得　这个　太　贵　了。
Wǒ　jué　de　zhèi　ge　tài　guì　le.

半3声　2声　軽声　4声　軽声　4声　4声　軽声

●声調　"我" の半３声は低く抑えましょう。→p.64　軽声 "得" "个" の後ろの "这" "太" の頭の高さに気をつけましょう。
●母音・子音　"觉得 juéde" は「〜と思う、〜と感じる」。"觉 jué" は "j＋üe" です。→p.38

45 私は〜が好きです。 我 喜欢〜。

🔊) [s/n/sn/jcn]_045

step 1 私は見るのが好きです。

我 喜欢 看。
Wǒ　xǐ huan　kàn.

2声　半3声　軽声　4声

> ● 声調　"我"は後ろの3声の影響で2声に変化します。"喜欢"は半3声を低く抑えて、軽声でやや高く上げます。→p.66、72
> ● 母音・子音　"喜欢 xǐhuan"の"欢 huan"→p.52

step 2 私は映画を見ることが好きです。

我 喜欢 看 电影。
Wǒ　xǐ huan　kàn diàn yǐng.

2声　半3声　軽声　4声　4声　3声

> ● 声調　"我喜欢 / 看电影"とふたつに切ってみましょう。最後の"影"は3声を出し切ってください。
> ● 母音・子音　"电影 diànyǐng"のそれぞれの鼻母音部分"ian"と"ing"に注意しましょう。→p.44、46　"dian"は「ディアン」ではなく「ディエン」です。

step 3 私は中国の映画を見ることが好きです。

我 喜欢 看 中国 电影。
Wǒ　xǐ huan　kàn Zhōng guó　diàn yǐng.

2声　半3声　軽声　4声　1声　2声　4声　3声

> ● 声調　今度は"我喜欢看 / 中国电影"で切ってみましょう。"中国"は"国"の2声の頭を低い位置から出すことを意識しましょう。
> ● 母音・子音　"中国 Zhōngguó"の"中 zhōng"は"zh"をしっかり舌をそらして発音してください。→p.56

46 私は〜が好きではありません。 我 不 喜欢〜。

🔊))[s/n/sn/jcn]_046

step 1 私は好きではありません。

我 不 喜欢。
Wǒ bù xǐ huan.

半3声　4声　半3声　軽声

- 声調 "我 / 不喜欢"で切ります。否定する"不 bù"の4声を怒ったように強い語気で高いところから下げてください。
- 母音・子音 "欢 huan"は「ファン」ではありません。上歯と下唇が触れないよう気をつけましょう。→p.52

step 2 私は試験が好きではありません。

我 不 喜欢 考试。
Wǒ bù xǐ huan kǎo shì.

半3声　4声　半3声　軽声　半3声　4声

- 声調 今度は"我 / 不喜欢 / 考试"で切ってみましょう。"考试"は半3声を低く抑えたまま一旦停止し、次の4声を高い所から下げてください。→p.66
- 母音・子音 "考试 kǎoshì"は「試験」。声調を整え、そり舌音の"shi"を舌を巻いていってみてください。→p.56

step 3 私は数学の試験が好きではありません。

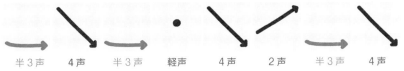

我 不 喜欢 数学 考试。
Wǒ bù xǐ huan shù xué kǎo shì.

半3声　4声　半3声　軽声　4声　2声　半3声　4声

- 声調 "数学"は4声を高い所から下げて、下げた位置から2声を上げてください。
- 母音・子音 "数学 shùxué"のそれぞれの子音は発音が紛らわしいですが、"sh"は舌を巻き、"x"は「シ」に近い発音です。→p.54、56

47 私は〜だと思います。① 我＋覚得〜。

[s/n/sn/jcn]_047

step 1 私はなかなかいいと思います。

我 觉得 不错。
Wǒ jué de búcuò.

半3声　2声　軽声　2声　4声

- ●声調　はじめは"我觉得／不错"と切ってみましょう。"不"は"错"4声の影響で2声に変化します。→p.78
- ●母音・子音　"不错 búcuò"は褒めことばで「悪くない」。"cuò"の複母音の"uo"をはっきりいうことに気をつけましょう。→p.40

step 2 私はあまりよくないと思います。

我 觉得 不 太 好。
Wǒ jué de bú tài hǎo.

半3声　2声　軽声　2声　4声　3声

- ●声調　"不"は後ろに来る4声の影響で2声に変化します。最後の3声を出し切って練習してください。→p.78
- ●母音・子音　"不太 bútài 〜"は「あまり〜ではない」。"不"を「プー」と強く息を出さないよう無気音で発音してください。→p.50

step 3 私は楽しくありません。

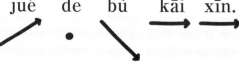

我 觉得 不 开心。
Wǒ jué de bù kāi xīn.

半3声　2声　軽声　4声　1声　1声

- ●声調　"开心"のふたつの1声は最後まで高くキープします。→p.68

- ●母音・子音　"开心 kāixīn"は「楽しい」。"ai"の複母音は口を大きく広げましょう。

136

48 私は〜だと思います。② 我＋认为〜。

 [s/n/sn/jcn]_048

step 1 私は思います。

我 认为。
Wǒ　rèn　wéi.

半3声　4声　2声

●声調 "为" は多音字で、ここ
では4声ではなく2声です。
●母音・子音 "认为 rènwéi" は
「〜と考える」（主張や考えを
述べる）。どちらの "e" も「エ」
と発音します。→p.38、42

step 2 私は適切だと思います。

我 认为 很 合适。
Wǒ　rèn　wéi　hěn　hé　shì.

半3声　4声　2声　半3声　2声　4声

●声調 "我认为／很合适" とふたつに切って練習しましょう。"很" 半3声は低く
抑えることに意識しましょう。→p.64
●母音・子音 "合适 héshì" は「相応しい、合っている」。"hé" は「ヘー」ではなく、
あいまい母音 "e" の発音です。→p.32 "shi" はそり舌音です。→p.56

step 3 私は仕事が適切だと思います。

我 认为 工作 很 合适。
Wǒ　rèn　wéi　gōng　zuò　hěn　hé　shì.

半3声　4声　2声　1声　4声　半3声　2声　4声

●声調 "为" の2声で上がった音の高さのまま "工" の1声を出します。
●母音・子音 "工作 gōngzuò" は「仕事」。"zuò" の "uo" に気をつけましょう。
→p.40

137

49 私は〜ができます。① 我 会〜。

🔊))) [s/n/sn/jcn]_049

step 1 私は中国語が話せます。

我 会 说 汉语。
Wǒ　huì　shuō　Hàn　yǔ.

半3声　　4声　　1声　　4声　　3声

●声調　"我会／说汉语"で軽く切って練習しましょう。"说"の1声を高く伸ばし、次の4声をその1声の高さから下まで下げます。最後の3声を出し切ります。
●母音・子音　"会huì"は「h+uei」で、「フェ」と発音しないよう、上歯と下唇が触れないよう気をつけましょう。→ p.52

step 2 私は中国語が話せません。

我 不 会 说 汉语。
Wǒ　bú　huì　shuō　Hàn　yǔ.

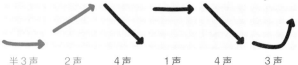

半3声　　2声　　4声　　1声　　4声　　3声

●声調　"不"は後ろの"会"の4声の影響で2声に変化します。→ p.78
●母音・子音　"说汉语 shuō Hànyǔ"は"中国語を話す"、"yǔ"は"ü"、「イウー」と発音しないように気をつけましょう。→ p.34

step 3 私はあまり中国語が話せません。

我 不 太 会 说 汉语。
Wǒ　bú　tài　huì　shuō　Hàn　yǔ.

半3声　　2声　　4声　　4声　　1声　　4声　　3声

●声調　はじめは"我不太／会说／汉语"と切って練習してからつなげてみましょう。
●母音・子音　"不bú"は無気音、「プー」と強すぎて有気音にならないよう気をつけましょう。→ p.50

50 私は〜ができます。② 我 能〜。

🔊)) [s/n/sn/jcn]_050

step 1 私はあなたに話すことができます。

我 能 告诉 你。
Wǒ néng gào su nǐ.

半3声　2声　4声　軽声　3声

●声調 "能"は１声にならない
よう注意してください。"你"
３声は"诉"軽声よりさらに
高さを下げて出し切ります。
●母音・子音 "告诉 gàosu"は
「教える、知らせる」。"su"は
「ス」ではなく、「スゥ」と「ウ」
の音を強く出してください。
→ p.58

step 2 私はあなたに話すことができません。

我 不 能 告诉 你。
Wǒ bù néng gào su nǐ.

半3声　4声　2声　4声　軽声　3声

●声調 "我不能／告诉你"で軽く切って、"不"は４声の頭の音を高くすることに
注意してください。
●母音・子音 "不能"は「〜ができない、〜をしてはいけない」意味。"能 néng"の"eng"
に注意しましょう。→ p.42 "e"はあいまい母音です。→ p.32

step 3 私はあなたにこのことを話すことができません。

我 不 能 告诉 你 这 件 事。
Wǒ bù néng gào su nǐ zhè jiàn shì.

半3声　4声　2声　4声　軽声　半3声　4声　4声　4声

●声調 最後の３音は４声が続きで、大きな上下を３往復します。→ p.68
●母音・子音 "这件事 zhèjiànshì"は「この件」。"zh"と"sh"はそり舌音。
→ p.56 "jian"の"a"は「エ」です。→ p.46

51 ～してもいいです。　可以～。

step 1 いいです。

可以。
Kě　yǐ.

2声　　3声

> ●声調　3声が続き、前の3声は2声に変化します。→p.66
> ●母音・子音　"可kě"の"e"はあいまい母音の発音ではっきり出してください。「ケー」とならないよう気をつけましょう。→p.32

step 2 写真をとってもいいです。

可以　照相。
Kě　yǐ zhào xiàng.

2声　　半3声　4声　　4声

> ●声調　はじめは"可以／照相"で切って練習してください。"以"は"照"4声の影響で半3声になります。→p.66
> ●母音・子音　"照相 zhàoxiàng"は「写真を撮る」。「xiàng」の「a」を「ア」と口を大きく開いてください。→p.46

step 3 ここは写真をとってもいいです。

这儿　可以　照相。
Zhèr　kě　yǐ　zhào xiàng.

4声　　2声　　半3声　4声　　4声

> ●声調　最初の"这儿"4声は高い所から下げてください。
> ●母音・子音　"这儿 zhèr"は「ここ」。「儿化」音です。最後は"er"の音で舌を浮かせた状態のままにします。→p.60

52 ～してもいいですか。 可以～吗?

🔊))[s/n/sn/jcn]_052

step 1 いいですか。

可以 吗?
Kě yǐ ma?

2声 半3声 軽声

> ●声調 "吗"軽声は"以"の半3声から少し上がり疑問を表します。
> ●母音・子音 "可 kě"の"e"はあいまい母音の発音ではっきり出してください。「ケー」とならないよう気をつけましょう。→ p.32

step 2 試着してもいいですか。

可以 试 穿 吗?
Kě yǐ shì chuān ma?

2声 半3声 4声 1声 軽声

> ●声調 "吗"軽声は疑問なので普通の「1声＋軽」の組み合わせより少し高めにします。
> ●母音・子音 "试穿 shìchuān"は「試着する」。"sh""ch"それぞれのそり舌音に注意しましょう。→ p.56

step 3 ちょっと試着してもいいですか。

可以 试 穿 一下 吗?
Kě yǐ shì chuān yí xià ma?

2声 半3声 4声 1声 2声 4声 軽声

> ●声調 "一"は"下"4声の影響で、2声となります。→ p.76
> ●母音・子音 "一下 yíxià"は"yí"は「イー」を口を横に大きく伸ばし、"xià"は「シャー」ではなく"x"と"ia"の音をそれぞれはっきりいいます。

53 〜かもしれません。 可能〜。

🔊))[s/n/sn/jcn]_053

step 1 あるかもしれません。

可能 有。
Kě néng yǒu.

半3声　2声　3声

●声調　"能"2声を意識して低い所から上げます。最後の"有"の3声は意識して低くしましょう。
●母音・子音　"可能 kěnéng"は日本語の「可能」とは意味が違います。"可"の"e"も"能"の"e"もあいまい母音の"e"で、「エ」と発音しません。→p.32、42

step 2 ないかもしれません。

可能 没 有。
Kě néng méi yǒu.

半3声　2声　2声　3声

●声調　"没有"の"有"は軽声で読む場合も多いですが、まずは本来の3声をつけて練習しましょう。
●母音・子音　"有 yǒu"を「ユー」と発音しないよう気をつけましょう。→p.36

step 3 売っていないかもしれません。

可能 没 有 卖 的。
Kě néng méi yǒu mài de.

半3声　2声　2声　半3声　4声　軽声

●声調　"买 mǎi"「買う」3声と"卖 mài"「売る」4声を間違えないように注意。
●母音・子音　"卖 mài"を「メー」といわないよう、「マアイ」に近い音で「ア」の音は口を大きくして発音しましょう。

54 〜のはずがありません。 不可能〜。

🔊 [s/n/sn/jcn]_054

step 1 ありえないです。

不 可能。
Bù kě néng.

4声　半3声　2声

> ●声調　最初の"不"は 4 声で、高い所から強く下まで下げてください。3 音節の真ん中に 3 声がくるパターンは→*p.83*
> ●母音・子音　"不 bù"は「ブー」にならないよう無気音に気をつけましょう。→*p.50*

step 2 彼は言うはずがありません。

他 不 可能 说。
Tā bù kě néng shuō.

1声　4声　半3声　2声　1声

> ●声調　はじめは"他 / 不可能 / 说"のように切って練習してみましょう。　最後の"说"の 1 声を高くキープします。
> ●母音・子音　"说 shuō"は「いう」。"sh"はそり舌音。→*p.56*　複母音"uo"の音を丁寧に出してみましょう。→*p.40*

step 3 彼はこのように言うはずがありません。

他 不 可能 这么 说。
Tā bù kě néng zhè me shuō.

1声　4声　半3声　2声　4声　軽声　1声

> ●声調　はじめは"他不可能 / 这么说"と切って練習してみましょう。"这"の 4 声は強く高い所から下げてください。
> ●母音・子音　"这么 zhème"は「このように」という意味。"么 me"の"e"は「エ」ではなくあいまい母音です。→*p.32*

55 〜するつもりです。　　　打算〜。

[s/n/sn/jcn]_055

step 1　私は行くつもりです。

我　打算　去。
Wǒ　dǎ　suàn　qù.

2声　半3声　4声　4声

●声調　"我"は後ろの"打"の3声の影響で2声に変化します。最後の"去"の4声は高いところから強く下げてください。→*p.66*
●母音・子音　最後の"去 qù"は「クー」や「チー」にならないよう気をつけましょう。→*p.54*

step 2　私は出張に行くつもりです。

我　打算　去　出差。
Wǒ　dǎ　suàn　qù　chū　chāi.

2声　半3声　4声　4声　1声　1声

●声調　はじめは"我打算／去出差"と3音ずつ練習をしましょう。"出差"の「1声＋1声」は同じ高さを最後までキープしましょう。→*p.68*
●母音・子音　"出差 chūchāi"は「出張する」。"差"は他に"chā、chà"とも発音しますが、ここでは"chāi"と発音します。

step 3　私は来週、出張に行くつもりです。

我　打算　下星期　去　出差。
Wǒ　dǎ　suàn　xià　xīng　qī　qù　chū　chāi.

2声　半3声　4声　4声　1声　1声　4声　1声　1声

●声調　"下星期"と"去出差"は同じ「4声＋1声＋1声」の繰り返しです。
●母音・子音　"下星期 xiàxīngqī"は「来週」。"星期 xīngqī"は「曜日」にも使いますので、鼻母音"ing"をやや伸ばして発音してください。→*p.44*

56 きっと〜です。　　　　　　　一定〜。

🔊))[s/n/sn/jcn]_056

step 1　きっと来ます。

一定 来。
Yí dìng lái.

2声　　4声　　2声

●声調　"一"の声調は後ろに来る"定"の４声の影響で２声に変化します。低い所から上げていくよう心がけましょう。→p.76
●母音・子音　"一定 yídìng"は「きっと、かならず」。鼻母音の"ing"の部分をやや伸ばすように発音してください。→p.44

step 2　明日はきっと来ます。

明天 一定 来。
Míng tiān yí dìng lái.

2声　　1声　　2声　　4声　　2声

●声調　２声が多いので、どの２声も同じ低い起点から上げていくよう心がけましょう。
●母音・子音　"明天 míngtiān"はそれぞれの鼻母音"ing"と"ian"に注意して練習してください。→p.44、46

step 3　明日は是非来てください。

你 明天 一定 要 来。
Nǐ míng tiān yí dìng yào lái.

半3声　　2声　　1声　　2声　　4声　　4声　　2声

●声調　最初の"你＋明"「半３声＋２声」は難しい組み合わせですが、半３声を低く抑えたまま低い所から２声を上昇させるようにします。→p.64
●母音・子音　"要来 yàolái"は「来なければなりません」。"要 yào"が「ヨー」とならないように「イアオ」と口を大きく開いてください。

57 ～したことがあります。 動詞＋过。

🔊 ») [s/n/sn/jcn]_057

step 1 私は行ったことがあります。

我 去 过。
Wǒ qù guo.

半3声　4声　軽声

- ●声調　"我"は半3声で"去"4声につながります。→p.66　"去"4声で下がった高さのまま"过"の軽声を出してください。→p.72
- ●母音・子音　"过 guo"は軽声でも複母音"uo"の部分をしっかり出してください。→p.40

step 2 私は行ったことがありません。

我 没 去 过。
Wǒ méi qù guo.

半3声　2声　4声　軽声

- ●声調　4音節は切らずにいってみましょう。"我没"「半3声＋2声」の組み合わせで、2声は前の半3声で下がった高さから上昇させます。→p.64
- ●母音・子音　声調に気をつけながら、単母音"ü"複母音"ei"、"uo"のそれぞれの部分を丁寧にいいましょう。→p.34、38、40

step 3 私はそこに行ったことがありません。

我 没 去 过 那儿。
Wǒ méi qù guo nàr.

半3声　2声　4声　軽声　4声

- ●声調　今度は"我没去过/那儿"と軽く切ってみましょう。"那儿"の4声を高い所から下げることに意識しましょう。
- ●母音・子音　"那儿 nàr"は「儿化」音で、「ナール」とならないよう、舌先をそらしたまま歯茎の奥につけないよう注意しましょう。→p.60

58 〜してあります。 動詞＋着。

◀))[s/n/sn/jcn]_058

step 1 書いてあります。

写 着。
Xiě zhe.

●
半3声　軽声

> ●声調　半３声を低く抑えていたら今度は少しリラックスして高さを上げて軽声を出してください。→ p.72
> ●母音・子音　"着 zhe" は動詞の後ろで、動作後の状態が続いていることを示しています。他に"zháo""zhuó"という発音もあります。

step 2 字が書いてあります。

写 着 字。
Xiě zhe zì.

●
半3声　軽声　4声

> ●声調　切らずにいってみましょう。半３声の後ろの軽声は少し高さを上げ、"字"４声は高い所から下げてください。→ p.72
> ●母音・子音　"字 zi"は「ジ」や「ズイ」とならないよう気をつけましょう。→ p.58

step 3 黒板に字が書いてあります。

黒板 上 写 着 字。
Hēi bǎn shang xiě zhe zì.

1声　半3声　軽声　半3声　軽声　4声

> ●声調　"黒板上 / 写着字"とふたつに切って、それぞれ軽声を中心に練習してみましょう。→ p.72
> ●母音・子音　"黒板上"の子音"h""b""sh"と母音"ei""an""ang"をそれぞれしっかり意識しましょう。→ p.38、50、56

59 もう〜しました。 已经〜了。

🔊 [s/n/sn/jcn]_059

step 1 もう十歳になりました。

已经 十 岁 了。
Yǐ jīng shí suì le.

半3声　1声　2声　4声　軽声

● 声調 "经"は軽声に発音することもありますが、ここでは1声で発音してみましょう。
● 母音・子音 "已经 yǐjīng"は「すでに」。"jīng"は高くやや伸ばして発音してみましょう。→ p.44

step 2 私はもう四十歳になりました。

我 已经 四十 岁 了。
Wǒ yǐ jīng sì shí suì le.

2声　半3声　1声　4声　2声　4声　軽声

● 声調 "我已经/四十岁了"で切って練習しましょう。"我"はここで後ろの"已"の1声の影響で2声に変わります。→ p.66
● 母音・子音 数字の"四十 sìshí"は声調とともに発音も練習してください。"si"も"shi"も「シー」にならないよう気をつけましょう。→ p.56、58

step 3 私は今年でもう四十歳になりました。

我 今年 已经 四十 岁 了。
Wǒ jīn nián yǐ jīng sì shí suì le.

半3声　1声　2声　半3声　1声　4声　2声　4声　軽声

● 声調 "我"は後ろの"今"の1声の影響で半3声に低く抑えます。→ p.64
"年"と"已"「2声＋半3声」の高さにも注意しましょう。
● 母音・子音 "今年 jīnnián"のそれぞれの鼻母音の部分を気をつけて練習してください。"nian"の"a"は「エ」になります。→ p.44、46

60 まだ〜していません。 还 没〜。

🔊)) [s/n/sn/jcn]_060

step 1 まだ終わっていません。

还 没 完。
Hái méi wán.

2声　　2声　　2声

●声調　３音とも２声でどれも低い所から上昇し、これを３往復します。しっかりと下から上がるようにしましょう。→p.68
●母音・子音　"完 wán"は複母音 "uan"。

step 2 仕事はまだ終わっていません。

工 作 还 没 做 完。
Gōng zuò hái méi zuò wán.

1声　4声　2声　2声　4声　2声

●声調　"工"の１声は高くやや伸ばすようにし、"作"４声を出すまで下げないように注意してください。
●母音・子音　"做完 zuòwán"は「やり終える」。"工作 gōngzuò"と合わせて"做"と"作"のふたつの"uo"の音をしっかり出して練習しましょう。→p.40

step 3 今日の仕事はまだ終わっていません。

今天 的 工作 还 没 做 完。
Jīn tiān de gōng zuò hái méi zuò wán.

1声　1声　軽声　1声　4声　2声　2声　4声　2声

●声調　"还没做完"「２声＋２声＋４声＋２声」は"做完"「４声＋２声」で迷わないように練習しましょう。
●母音・子音　"还没"もよく使う組み合わせなのでそれぞれの複母音"ai"と"ei"をはっきり区別しましょう。

61 AはBより〜です。 A 比 B 〜。

🔊 [s/n/sn/jcn]_061

step 1 それより大きいです。

比 那个 大。
Bǐ nèi ge dà.

半3声　4声　軽声　4声

●声調　"比" 半3声は最初から低く抑え、"那" 4声を高い所から下げてください。→p.66
●母音・子音　"那个" は「それ、その」。"nèige" とも "nàge" とも発音しますが、ここでは口語体で "nèige" と発音しましょう。

step 2 これはそれより大きいです。

这个 比 那个 大。
Zhèi ge bǐ nèi ge dà.

4声　軽声　半3声　4声　軽声　4声

●声調　はじめは "这个 / 比那个 / 大" と切って練習してみましょう。"大" の4声は高い所から下げることに注意。
●母音・子音　"这个 zhèige" と "那个 nèige" はそれぞれ "个" が「ゲ」とならないようあいまい母音の "e" をはっきり発音しましょう。→p.32

step 3 これはそれより少し大きいです。

这个 比 那个 大 一点儿。
Zhèi ge bǐ nèi ge dà yì diǎnr.

4声　軽声　半3声　4声　軽声　4声　4声　3声

●声調　"一" は後ろの "点儿" 3声の影響で4声に変化します。→p.76
●母音・子音　"一点儿 yìdiǎnr" は「少し」。"点儿" は「儿化」音で、"a" を「ア」と発音し、"n" の音が脱落し、"dia + er" の構造になります。→p.60

62 AはBほど〜ではありません。A 没有 B 〜。

🔊 [s/n/sn/jcn]_062

step 1 北京ほど寒くはありません。

没　有　北京　冷。
Méi　yǒu　Běi　jīng　lěng.

2声　2声　半3声　1声　3声

> ●声調　"有"は後ろの"北"の3声の影響で2声に変化します。→ p.66 "冷"は後ろに何もないため3声を出し切ります。
> ●母音・子音　"冷 lěng"は「寒い」。「レン」と発音しないよう鼻母音の"eng"に注意して発音しましょう。"eng"の"e"はあいまい母音の発音です。→ p.42

step 2 東京は北京ほど寒くはありません。

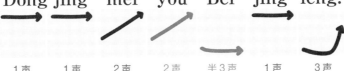

东京　没　有　北京　冷。
Dōng jīng　méi　yǒu　Běi　jīng　lěng.

1声　1声　2声　2声　半3声　1声　3声

> ●声調　"东京 / 没有 / 北京 / 冷"で練習しましょう。"东京"のふたつの1声は高さをキープしてください。→ p.68
> ●母音・子音　最後の"冷 lěng"は話題の中心内容なので、ゆっくりと声調を出し切りながら鼻母音"eng"をはっきりいってください。→ p.42

step 3 東京は北京のようにそんなに寒くはありません。

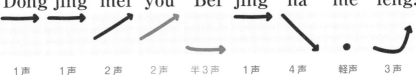

东京　没　有　北京　那么　冷。
Dōng jīng　méi　yǒu　Běi　jīng　nà　me　lěng.

1声　1声　2声　2声　半3声　1声　4声　軽声　3声

> ●声調　"那么"の「4声＋軽声」を高い所から下げ、下げたついでに軽声を出します。→ p.72
> ●母音・子音　"那么 nàme"は「あんなに、あのように」。"nèime"とは発音しないので注意してください。

◀») [s/n/sn/jcn]_063

step 1 彼女と同じです。

跟　她　一样。
Gēn　tā　yí　yàng.

1声　1声　2声　4声

●声調　"跟""她"の1声はどちら
も高い音をキープします。→*p.68*
"一"は後ろの"样"の4声の影響
で2声に変化します。→*p.76*
●母音・子音　"跟 gēn"は「ジェン」
ではありません。「ゲン」に近い発
音をします。→*p.42*"样"は鼻母
音の"iang"で、"a"を「ア」と口
を大きく開いて発音してください。
→*p.46*

step 2 彼女と同じくきれいです。

跟　她　一样　漂亮。
Gēn　tā　yí　yàng　piào liang.

1声　1声　2声　4声　4声　軽声

●声調　"漂亮"の「4声＋軽声」は「4声」を高い所から下げ、下げたついでに軽
声を出します。→*p.72*
●母音・子音　"漂亮 piàoliang"は「きれい、美しい」。"漂 piào"を「ピョウ」
と発音しないよう、主母音の"a"を「ア」と口を大きく開いて発音してください。

step 3 妹は彼女と同じくきれいです。

妹妹　跟　她　一样　漂亮。
Mèi　mei　gēn　tā　yí　yàng　piào liang.

4声　軽声　1声　1声　2声　4声　4声　軽声

●声調　"妹妹"の「4声＋軽声」は4声を高い所から下げ、下げたついでに軽声
を出します。→*p.72*　"跟"の頭の音を高くすることに注意。
●母音・子音　"妹妹"は「マイマイ」にならないよう、複母音の"ei"を「エイ」
の音にして「メイメイ」の発音になります。→*p.38*

64 〜といっしょに…します。 跟〜一起…。

(()) [s/n/sn/jcn]_064

step 1 あなたといっしょに。

跟 你 一起。
Gēn nǐ yì qǐ.

1声 半3声 4声 3声

●声調 "你"は"一"の影響で半３声に、"一"は"起"の３声の影響で４声に変化します。→p.66、76
●母音・子音 "一起 yìqǐ"は「いっしょに」。"起 qǐ"は有気音で、３声の声調とともに息を強く出すようにいってください。→p.50

step 2 あなたといっしょに行きます。

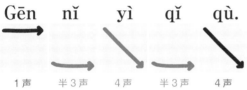

跟 你 一起 去。
Gēn nǐ yì qǐ qù.

1声 半3声 4声 半3声 4声

●声調 "跟你 / 一起去"で練習。"起"を半３声にして"去"につなげます。
→p.66 "去"の４声を高い所から思いっきり下げてください。
●母音・子音 "起 qǐ"と"去 qù"の子音は同じ有気音の"q"ですが、単母音の「i」と「ü」の違いで発音が違うので注意しましょう。→p.54

step 3 私はあなたといっしょに食事に行きます。

我 跟 你 一起 去 吃 饭。
Wǒ gēn nǐ yì qǐ qù chī fàn.

半3声 1声 半3声 4声 半3声 4声 1声 4声

●声調 最初の"我跟你"は１声を間にはさみ、前後の半３声を低く抑えます。
→p.82 最後の"去吃饭"も間に１声をはさみ、前後の４声を高い所から下げます。
●母音・子音 "吃饭"を「チーハン」と発音しないよう気をつけましょう。「chi」はそり舌音、"fan"は「ファン」に近い音です。

65 少し〜です。① 有点儿〜。

◀)) [s/n/sn/jcn]_065

step 1 少し寒いです。

有点儿 冷。
Yǒu diǎnr lěng.

2声　2声　3声

●声調　3音とも3声ですが、ここ
では「2声＋2声＋3声」となり
ます。最後の3声は最後まで出し切
ります。→p.81
●母音・子音　"有点儿 yǒudiǎnr"は
「少し」。"点儿"は「儿化」音で、"a"
を「ア」と発音し、"n"の音が脱落
し、"dia + er"の構造になります。
→p.60

step 2 今日は少し寒いです。

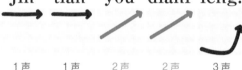

今天 有点儿 冷。
Jīn tiān yǒu diǎnr lěng.

1声　1声　2声　2声　3声

●声調　"有"は2声の頭の音を前の"天"の音からしっかり下げることに意識し
ましょう。
●母音・子音　"冷"は「レン」にならないよう、鼻母音"eng"の"e"は単母音
の発音であることを意識しましょう。→p.42

step 3 今日は、外は少し寒いです。

今天 外边儿 有点儿 冷。
Jīn tiān wài bianr yǒu diǎnr lěng.

1声　1声　4声　軽声　2声　2声　3声

●声調　"今天 / 外边儿 / 有点儿冷"で練習しましょう。"边儿"はもともと1声で
すが、"外边儿"では軽声になります。
●母音・子音　"外边儿 wàibianr"は「外のほう」、"边儿"は方位詞の後ろで全体
の方角を示します。「儿化」音にせず"边 biān"だけでも同じです。→p.60

66 少し〜です。② 〜一点儿。

🔊 [s/n/sn/jcn]_066

step 1 少し飲みます。

喝 一点儿。
Hē　yì　diǎnr.

1声　4声　3声

- ●声調　はじめは"喝／一点儿"で軽く切って練習し、徐々にひとつにして読んでみましょう。"一"は"点儿"の影響で４声に変化します。→*p.76*
- ●母音・子音　"喝 hē"を「ヒ」や「ヘ」と発音しないよう、単母音の"e"の音をしっかり出してください。→*p.32*

step 2 お酒を少し飲みます。

喝 一点儿 酒。
Hē　yì　diǎnr jiǔ.

1声　4声　2声　3声

- ●声調　"点儿"は後ろの"酒"の３声の影響で２声に変化します。"酒"は最後まで出し切ります。→*p.66*
- ●母音・子音　"酒 jiǔ"は「チュー」ではなく、"j＋iou"で、"o"の音を意識して発音してください。→*p.36*

step 3 私はワインを少し飲みたいです。

我 想 喝 一点儿 葡萄 酒。
Wǒ xiǎng hē　yì diǎnr pú tao jiǔ.

2声　半3声　1声　4声　半3声　2声　軽声　3声

- ●声調　"我想／喝一点儿／葡萄酒"と３つに分けて練習してみましょう。"我"はここで後ろの"想"の３声の影響で２声に変化します。→*p.66*
- ●母音・子音　"葡萄 pútao"は２音節とも有気音ですが、"酒 jiǔ"は無気音で「ジウ」ではなく「ジオウ」に近い音を出します。→*p.36*

67 ～されました。 被～了。

[s/n/sn/jcn]_067

step 1 殴られます。

被 打。
Bèi dǎ.

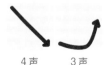

4声　3声

> ●声調　4声を高い所から下げてその ままさらに低く抑え、最後は少しリ ラックスして3声を出し切ります。
> ●母音・子音　"打 dǎ"の単母音"a" を口を大きくして「ア」と出してく ださい。

step 2 兄に殴られました。

被 哥哥 打 了。
Bèi gē ge dǎ le.

4声　1声　軽声　半3声　軽声

> ●声調　はじめは"被 / 哥哥 / 打了"とこまめに切り、軽声を中心に練習しましょう。 →p.70、72
> ●母音・子音　"哥哥 gēge"を「ゲゲ」といわないよう、あいまい母音の"e"の音をはっ きり出してください。→p.32

step 3 弟は兄に殴られました。

弟弟 被 哥哥 打 了。
Dì di bèi gē ge dǎ le.

4声　軽声　4声　1声　軽声　半3声　軽声

> ●声調　はじめは"弟弟 / 被哥哥 / 打了"と3つに切って練習しましょう。"被" の4声の頭の音を高くすることに意識してください。
> ●母音・子音　"弟弟 dìdi"を「テイテイ」といわないように。母音の"i"をやや 力を込めて「イー」と発音しましょう。

68 〜させます。　　　　让〜。

🔊)) [s/n/sn/jcn]_068

step 1 彼に行かせます。

让 他 去。
Ràng tā qù.

4声　　1声　　4声

●声調　切らずに練習しましょう。"他"はふたつの４声にはさまれて、高くのばすように発音しましょう。
●母音・子音　"让 ràng"は「〜に…をさせる」。「ラン」と発音しないよう、そり舌音の"r"の音は舌先と上歯茎に触れないでください。
→ p.56

step 2 会社は彼に行かせます。

公司 让 他 去。
Gōng sī ràng tā qù.

1声　　1声　　4声　　1声　　4声

●声調　はじめは"公司／让他去"と軽く区切って練習しましょう。"公司"のふたつの１声は高いまま下げないよう２回繰り返しましょう。→ p.68
●母音・子音　"公司 gōngsī"の"司"は「スィー」ではありません。日本語の「スー」を口を横いっぱいに引いた状態でいってみてください。→ p.58

step 3 会社は彼を出張に行かせます。

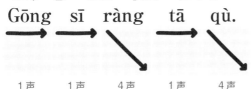

公司 让 他 去 出差。
Gōng sī ràng tā qù chū chāi.

1声　　1声　　4声　　1声　　4声　　1声　　1声

●声調　はじめは"公司／让他／去出差"と軽く切って練習してみましょう。"他"１声を語尾で下げないようにして、次の"去"４声で下げてください。
●母音・子音　"出差 chūchāi"は子音の部分はどちらもそり舌音です。"出 chū"の"u"の単母音を「ウー」と力を込めて伸ばすようにしてください。

69 〜しないでください。① 不要〜。

🔊)) [s/n/sn/jcn]_069

step 1 焦らないでください。

不 要 着急。

Bú yào zháo jí.

2声　4声　2声　2声

●声調　"不"は後ろの"要"4声の影響で2声に変化します。→ p.78　"着急"の「2声＋2声」のふたつの音も同じ上昇を繰り返すように意識してください。→ p.68
●母音・子音　"着急 zháojí"は「焦る、心配する」。"着"は"zhe""zhuó"とも発音しますが、ここでは"zháo"です。

step 2 絶対に焦らないでください。

千万 不 要 着急。

Qiān wàn bú yào zháo jí.

1声　4声　2声　4声　2声　2声

●声調　最初の"千万"の「1声＋4声」は1声を高さをやや伸ばすようにしたあと、次の4声を1声の高さから下げることを意識してください。
●母音・子音　"千万 qiānwàn"は「くれぐれも」。"千 qiān"の"a"は「ア」ではなく「エ」の発音になります。→ p.46

step 3 どうか絶対に焦らないでください。

请 你 千万 不 要 着急。

Qǐng nǐ qiān wàn bú yào zháo jí.

2声　半3声　1声　4声　2声　4声　2声　2声

●声調　はじめは"请你／千万／不要／着急"と2音ずつ切って練習しましょう。"请你"の「3声＋3声」は「2声＋半3声」に変化します。→ p.66
●母音・子音　声調を整えてから発音をつけて練習しましょう。"要"を「ヨー」にならないよう、「イアオ」と口を大きく開いて発音してください。

70 〜しないでください。② 別〜。

🔊))[s/n/sn/jcn]_070

step 1 言わないでください。

別 说。
Bié shuō.

2声　1声

●声調　"别"の2声は低い所から上げ、上げた高さで1声を高く伸ばすようにしましょう。最後まで語尾を下げないように気をつけましょう。
●母音・子音　"别说 biéshuō"のそれぞれの複母音"ie""uo"を子音から切り離して練習してから子音もつけて発音してください。→p.38、40

step 2 話をしないでください。

別 说 话。
Bié shuō huà.

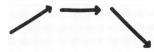

2声　1声　4声

●声調　切らずにひとつのまとまりでいってみましょう。"说"の1声を高さを下げずに、次の4声で一気に下げてください。
●母音・子音　"说话 shuōhuà"の"话 huà"を「ファー」にならないよう上歯と下唇を触れないよう気をつけましょう。→p.52

step 3 嘘をつかないでください。

別 说 谎话。
Bié shuō huǎng huà.

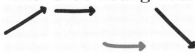

2声　1声　半3声　4声

●声調　"谎话"の半3声は前の"说"1声のあとで低く抑え、"话"の4声の頭の音を高くすることを意識してください。→p.66
●母音・子音　"谎话 huǎnghuà"は「嘘」。子音"h"の後ろに"u"のつく母音がくると「フ」になりやすいので、「ホゥア」に近い発音にしましょう。→p.52

71 〜のようです。 好像〜。

[s/n/sn/jcn]_071

step 1 来るようです。

好像 来。
Hǎo xiàng lái.

半3声　　4声　　2声

●声調　切らずにひとつのまとまりで練習しましょう。"好"半3声を最初から低く抑え、"像"4声は上から一気に下げます。"来"2声はまた低い所から上げます。→p.66
●母音・子音　"好像 hǎoxiàng"は「〜のようだ」。"像 xiàng"の"a"は口を大きく開けて「ア」と発音しましょう。→p.46

step 2 来ないようです。

好像 不 来。
Hǎo xiàng bù lái.

半3声　　4声　　4声　　2声

●声調　はじめは"好像/不来"と切って練習してみましょう。"像""不"の4声は同じ高さから下げるように意識しましょう。
●母音・子音　"不 bù"を強く発音して否定の意味合いを出しますが、「プー」とならないよう無気音で練習しましょう。→p.50

step 3 彼女は私の家に来ないようです。

她 好像 不 来 我 家。
Tā hǎo xiàng bù lái wǒ jiā.

1声　　半3声　4声　　4声　　2声　　半3声　1声

●声調　"她/好像/不来/我家"で練習してみましょう。"我家"の「半3声＋1声」の組み合わせは半3声を低く抑えたあと、1声を高く伸ばします。→p.64
●母音・子音　"我家 wǒjiā"をひとつの単語で発音丸ごと覚えましょう。"家 jiā"の"a"は口を大きく開け「アー」と発音しましょう。

160

72 ますます～。 越来越～。

◀)) [s/n/sn/jcn]_072

step 1 ますますよくなります。

越 来 越 好。
Yuè lái yuè hǎo.

4声 2声 4声 3声

- ●声調　"越"の4声は高い所から下げ、下げた低さから2声を上げ、また上げた高さから次の4声を出すように意識してください。
- ●母音・子音　"越来越～"は「ますます～」。"yue"は"üe"、"e"は「エ」と発音します。→p.38

step 2 ますます悪くなります。

越 来 越 不 好。
Yuè lái yuè bù hǎo.

4声 2声 4声 4声 3声

- ●声調　はじめは"越来越/不好"とふたつに軽く切って練習してみましょう。"不"は4声で高い所から強く下げるよういってみましょう。
- ●母音・子音　"不好"をよく使う組み合わせで、"不"を「プー」にならないよう、しかし声調とともに強く発音するよう練習してみてください。→p.50

step 3 状況がますます悪くなります。

情况 越 来 越 不 好。
Qíng kuàng yuè lái yuè bù hǎo.

2声 4声 4声 2声 4声 4声 3声

- ●声調　"情况/越来越/不好"で3つに切って練習しましょう。"情况"の「2声＋4声」は2声を低い所から上げ、上げた高さから4声を下げてください。
- ●母音・子音　"情况 qíngkuàng"は「状況」。鼻母音の部分はどれも"ng"がつきますので、やや音を長めに伸ばして練習してみましょう。→p.44

◀))[s/n/sn/jcn]_073

step 1 ここから。

从 这儿。
Cóng zhèr.

2声　　　4声

●声調 "从"の2声を低い所から高く上昇し、その高さから"这儿"4声を下げてください。
●母音・子音 "从（従）cóng"は「～から」。「コーン」と間違えて発音されることが多いので気をつけましょう。「ツォン」に近い発音です。

step 2 ここから行きます。

从 这儿 走。
Cóng zhèr zǒu.

2声　　　4声　　　3声

●声調 切らずにひとつのまとまりで練習してみましょう。最後の"走"は低く抑えたあと、軽くリラックスするように上げ3声を出し切ってください。
●母音・子音 それぞれの子音"c"、"zh"、"z"は難しいので、母音と切り離して練習してから母音をつけて練習してみましょう。→p.56、58

step 3 私たちはここから行きましょう。

我们 从 这儿 走 吧。
Wǒ men cóng zhèr zǒu ba.

半3声　　軽声　　2声　　　4声　　　半3声　　軽声

●声調 "我们"は半3声を低く抑えたあと軽声で高さを少し上げます。最後の"走吧"も同じです。→p.72
●母音・子音 最後の"走吧 zǒuba"は単独表現としてもよく使います。"吧"の"ba"は「バァ」と"a"の部分を軽く発音するといいでしょう。

74 ～まで　　　　　　　到～

🔊))[s/n/sn/jcn]_074

step 1 そこまで。

到 那儿。
Dào　nàr.

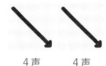

4声　　4声

●声調　４声がふたつですが、前の４声に続き、２番目の４声も同じ高さに戻って下げてください。→*p.68*
●母音・子音　"那儿 nàr" は儿化音です。"a + er" をひとつの音で結びます。→*p.60*

step 2 ここからそこまで。

从 这儿 到 那儿。
Cóng　zhèr　dào　nàr.

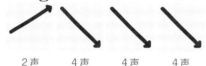

2声　　4声　　4声　　4声

●声調　"从 这儿 / 到 那儿" でそれぞれ４声に気を付けて練習しましょう。　４声をどれも高い所から下まで下げるよう心がけましょう。→*p.68*
●母音・子音　"从 cóng ～到 dào ～" は「～から～まで」。よく使う構文で、"从 cóng" を「コーン」と間違えないよう気をつけましょう。

step 3 ここからそこまではあまり遠くありません。

从 这儿 到 那儿 不 太 远。
Cóng　zhèr　dào　nàr　bú　tài　yuǎn.

2声　　4声　　4声　　4声　　2声　　4声　　3声

●声調　はじめは"从这儿 / 到那儿 / 不太远"と３音ずつ切ってみましょう。"不"は"太"の４声の影響で２声に変化します。→*p.78*
●母音・子音　"远 yuǎn" は「遠い」。"yuan" は "üan" で、"a" を「エ」と発音します。→*p.48*

75 〜が必要です。 需要〜。

🔊)) [s/n/sn/jcn]_075

step 1 私は必要です。

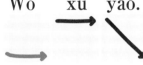

我 需要。
Wǒ xū yào.

半3声 1声 4声

● 声調 "需" 1声は高さを保ったままにして語尾を下げないように注意。"要" の４声の頭の音は "需" の高さと同じです。
● 母音・子音 "xu"は "xü"です。"xu" の "u" は「ウ」ではありません。"ü" の音をやや力を込めて出すよう心がけましょう。→p.34

step 2 私は助けが必要です。

我 需要 帮助。
Wǒ xū yào bāng zhù.

半3声 1声 4声 1声 4声

● 声調 "需要" と "帮助" は同じ「１声＋４声」の組み合わせです。
● 母音・子音 "帮 bāng" の "a" は口を大きく「ア」。"助"はそり舌音で "zh" の後ろの "u" を力を込めて「ウー」と口を小さく閉じて発音しましょう。→p.56

step 3 私はあなたの助けが必要です。

我 需要 你 的 帮助。
Wǒ xū yào nǐ de bāng zhù.

半3声 1声 4声 半3声 軽声 1声 4声

● 声調 "要" ４声につなげて "你" の半３声は低く抑えてから "的" の軽声を軽く上げて出します。→p.72
● 母音・子音 "的" を「デ」と発音しないよう "e" を単母音の要領で練習してください。→p.32

76 〜に興味があります。 对〜感兴趣。

[s/n/sn/jcn]_076

step 1 興味があります。

感 兴趣。
Gǎn xìng qu.

半3声 4声 軽声

> ●声調 "感"の半3声を意識して低くしましょう。最後の"趣"はここでは4声ではなく軽声で練習してみましょう。→p.87
> ●母音・子音 "兴趣 xìngqu"は「興味」。"兴"の鼻母音"ing"をやや伸ばすように発音し、"趣"の"qü"は「ク」にならないように。→p.34、44

step 2 中国に興味があります。

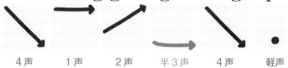

对 中国 感 兴趣。
Duì Zhōng guó gǎn xìng qu.

4声 1声 2声 半3声 4声 軽声

> ●声調 "中国"の"国"は前の"中"1声より下げてからまた上げましょう。
> ●母音・子音 "对 duì"の複母音は"uei"で、軽く「エ」の音を残して発音しましょう。→p.36

step 3 中国の文化に興味があります。

我 对 中国 文化 感 兴趣。
Wǒ duì Zhōng guó wén huà gǎn xìng qu.

半3声 4声 1声 2声 2声 4声 半3声 4声 軽声

> ●声調 はじめは"我 / 对中国文化 / 感兴趣"と3つに切って練習しましょう。"我"を半3声にして低くすることに注意しましょう。→p.66
> ●母音・子音 "文化 wénhuà"の"化 huà"は「ファ」にならないよう「ホゥア」に近い音で発音してみましょう。→p.52

77 何ですか。 　　什么？

step 1 何ですか。

什么？
Shén me?

2声　　軽声

> ●声調　最初の2声を低い所から高く上げ、軽声を前の高さから下げて短く発音します。→ *p.70*
> ●母音・子音　"什么 shénme" は「何、何の」。"me" は実際やや "ma" に近い音で発音されることもあります。

step 2 これは何ですか。

这 是 什么？
Zhè shì shén me?

4声　　4声　　2声　　軽声

> ●声調　"这是"のふたつの4声は同じ高さから下まで下げ、下げたところから"什"の2声を上げてください。
> ●母音・子音　"这是 zhèshì" は2字とも子音がそり舌音です。そり舌音は上歯茎より奥に向かってそらして発音します。→ *p.56*

step 3 これはどういう意味ですか。

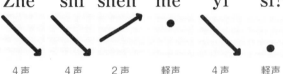

这 是 什么 意思？
Zhè shì shén me yì si?

4声　　4声　　2声　　軽声　　4声　　軽声

> ●声調　最後の"意思"の「4声＋軽声」は高い所から4声を下まで下げ、下げるついでに最後の軽声を出します。→ *p.72*
> ●母音・子音　"意思 yìsi" は「意味」。それぞれの "i" の発音に注意してください。"yi" は「イ」ですが、"si" の "i" は「イ」ではありません。→ *p.58*

78 どれですか。 哪个?

◀)) [s/n/sn/jcn]_078

step 1 あなたはどれがほしいですか。

你 要 哪个？
Nǐ yào něi ge?

半3声　4声　半3声　軽声

● 声調 "你""哪" ともに半3声にし、低く抑えるように練習してください。→p.66、72
● 母音・子音 "哪个" は "nǎge" とも発音します。"nei" の "e" は「エ」ですが、"ge" の "e" は「エ」ではありません。→p.32、38

step 2 あなたはどの料理がいいですか。

你 要 哪个 菜？
Nǐ yào něi ge cài?

半3声　4声　半3声　軽声　4声

● 声調 "你要／哪个菜" とふたつの部分で声調練習してみましょう。"菜" の4声は頭の音を高くするように意識しましょう。
● 母音・子音 "哪个菜 něigecài" は「どの料理」。"菜" の "cài" は有気音で、「ツァイ」と強く発音するように練習しましょう。→p.50

step 3 すみません、あなたはどの料理がいいですか。

请 问， 你 要 哪个 菜？
Qǐng wèn, nǐ yào něi ge cài?

半3声　4声　半3声　4声　半3声　軽声　4声

● 声調 はじめは "请问／你要／哪个菜" と切って、"请""你""哪" の半3声に注意して練習しましょう。→p.66、72
● 母音・子音 "请问 qǐngwèn" は「お尋ねします、すみませんが」の意味。"wen" は "u" の音をしっかり出しましょう。→p.42

◀)) [s/n/sn/jcn]_079

step 1 何を食べますか。

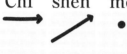

吃 什么？
Chī shén me?

1声　2声　軽声

●声調　"吃" 1声を語尾で下げない
よう注意しましょう。最後の"么"
軽声は前の2声を上げたあと軽く下
げます。→ p.70
●母音・子音　"吃"は子音がそり舌
音です。「チー」にならないよう気
を付けましょう。→ p.56

step 2 あなたは何を食べますか。

你 吃 什么？
Nǐ chī shén me?

半3声　1声　2声　軽声

●声調　"你"は3声から半3声になり最初から低く抑えます。次の"吃" 1声は
高く伸ばします。→ p.64
●母音・子音　声調を整えてから発音を付けて練習しましょう。"什么"の"么
me"はやや「ma」に近い発音をするとネイティブの発音に近づけます。

step 3 あなたは何が食べたいですか。

 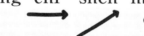

你 想 吃 什么？
Nǐ xiǎng chī shén me?

2声　半3声　1声　2声　軽声

●声調　はじめは"你想 / 吃什么"と軽く切って練習しましょう。"你"は後ろの"想"
の3声の影響で2声に変調します。→ p.80
●母音・子音　"想"を「シェン」とならないよう母音の"a"は「ア」と口を大き
く開いて発音してください。→ p.46

80 何を〜しますか。② 動詞＋什么？

🔊)) [s/n/sn/jcn]_080

step 1 何をしますか。

做 什么？
Zuò shén me?

4声　　2声　　軽声

●声調　最初の４声は高い所から下げ、低い高さから２声を上昇し、最後の軽声は２声を上げたあと軽く下げます。
●母音・子音　"做 zuò" は「する」。複母音の部分の "u" の音も残してください。→p.40

step 2 あなたは何をするつもりですか。

你 打算 做 什么？
Nǐ dǎ suàn zuò shén me?

2声　半3声　4声　4声　2声　軽声

●声調　はじめは "你打算 / 做什么" とふたつに切って練習しましょう。"你" はここで後ろの "打" の影響で２声に変化します。→p.66
●母音・子音　"打算 dǎsuàn" は「〜のつもりだ」。"算 suàn" は「サン」とならないよう "u" の音を残して発音してください。

step 3 週末あなたは何をするつもりですか。

周末 你 打算 做 什么？
Zhōu mò nǐ dǎ suàn zuò shén me?

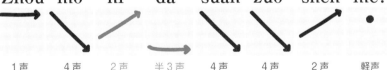

1声　4声　2声　半3声　4声　4声　2声　軽声

●声調　はじめは "周末 / 你打算 / 做什么" と３つに切って練習しましょう。"你" はあとにくる "打" の影響で２声に変わります。→p.66、83
●母音・子音　"周末 zhōumò" のそれぞれの "o" の音をしっかり出して練習しましょう。

 [s/n/sn/jcn]_081

step 1 どこですか。

什么 地方？
Shén me 　dì fang?

2声　　軽声　　4声　　軽声

> ●声調 "什" 2声のあとの "么" 軽声は高さがやや下がります。"地" 4声のあとの軽声は下がったついでに出します。→ p.70、72
> ●母音・子音 "什么地方" は「どんなところ」。"什么" を「シンマ」にならないよう、"什" をそり舌音で発音してください。→ p.56

step 2 どこに行ったことがありますか。

去 过 什么 地方？
Qù guo shén me dì fang?

4声　　軽声　　2声　　軽声　　4声　　軽声

> ●声調 はじめは "去过 / 什么 / 地方" と3つに切り、"过""么""方" の軽声を中心に練習しましょう。→ p.70、72
> ●母音・子音 "去过 qùguo" は「行ったことがある」、それぞれの母音の "u" は違う発音なので注意しましょう。→ p.34、40

step 3 あなたは中国のどこに行ったことがありますか。

你 去 过 中国 的 什么 地方？
Nǐ qù guo Zhōngguó de shén me dì fang?

半3声　4声　軽声　1声　2声　軽声　2声　軽声　4声　軽声

> ●声調 "你" は半3声となり最初から低く抑えてください。→ p.66 "中国的" はひとまとまりで練習しましょう。→ p.87
> ●母音・子音 "中国" を「チュンゴー」にならないよう "中" のそり舌音を出してください。"国" の複母音 "uo" も "u" の音を残してください。→ p.40

82 どこですか。②　　　哪儿？

🔊»)[s/n/sn/jcn]_082

step 1 どこですか。

在 哪儿？
Zài　nǎr?

4声　　3声

> ●声調　"在"の４声は高い所から下まで下げてからさらに後ろの３声を低く出します。最後の３声は出し切ってください。
> ●母音・子音　"哪儿"は「儿化」音、"na + er"で練習しましょう。→p.60

step 2 あなたはどこで勉強しますか。

你 在 哪儿 学？
Nǐ　zài　nǎr　xué?

半３声　4声　半３声　2声

> ●声調　"你"は半３声で最初から低く抑えてください。→p.66　"学"の２声は前の"哪儿"半３声で下がった高さから上昇するようにします。→p.64
> ●母音・子音　"学 xué"は"xüe"、子音、複母音ともに注意していってみましょう。"e"は「エ」と発音します。→p.38、54

step 3 あなたはどこで中国語を勉強しますか。

你 在 哪儿 学 汉语？
Nǐ　zài　　nǎr　xué　Hàn　yǔ?

半３声　4声　　半３声　2声　4声　　3声

> ●声調　はじめは"你／在哪儿／学汉语"と３つに切り練習しましょう。"学汉语"「２声＋４声＋３声」をひとまとまりで練習しましょう。
> ●母音・子音　"语 yǔ"は"ü"です。口を最小に閉じて力を込めて３声を出し切りながら発音してください。→p.34

83 いつ～しますか。① 什么 时候～？

step 1 いつですか。

什么 时候？
Shén me shí hou?

↗ • ↗ •

2声　軽声　2声　軽声

●声調　"什么"と"时候"は同じ「2声＋軽声」です。2声を低いところから上昇して軽声を下げるように繰り返してください。→p.70
●母音・子音　"什么时候 shénme shíhou"は「いつ」。"什"と"时"の子音は同じそり舌音の"sh"です。→p.56

step 2 いつ始まりますか。

什么 时候 开始？
Shén me shí hou kāi shǐ?

↗ • ↗ • → ↗

2声　軽声　2声　軽声　1声　3声

●声調　はじめは"什么时候 / 开始"で軽く区切ってみましょう。"开"の1声を高くすることを意識しましょう。
●母音・子音　"开始 kāishǐ"は「始まる」。"始 shǐ"は「シー」にならないようそり舌音で発音してください。→p.56

step 3 私たちはいつ始めますか。

我们 什么 时候 开始？
Wǒ men shén me shí hou kāi shǐ?

→ • ↗ • ↗ • → ↗

半3声　軽声　2声　軽声　2声　軽声　1声　3声

●声調　"我"の半3声は最初から低く抑え、後ろの"们"軽声で少し高さを上げます。→p.72
●母音・子音　そり舌音"sh"を意識してなめらかに発音できるように練習してください。→p.56

84 いつ（何時に）〜しますか。② 什么 时间〜？

🔊)) [s/n/sn/jcn]_084

step 1 何時ですか。

什么 时间？
Shén me shí jiān?

2声　軽声　2声　1声

> ●声調　最後の"间"の1声は語尾で下がらないよう気をつけましょう。
> ●母音・子音　"时间 shíjiān"は「時間」。"间 jiān"を「ジャン」にならないよう、"a"を「エ」と発音しましょう。→p.46

step 2 何時に到着しますか。

什么 时间 到达？
Shén me shí jiān dào dá?

2声　軽声　2声　1声　4声　2声

> ●声調　"到达"の「4声＋2声」は4声を高い所から下まで下げ、下げたところからまた2声を上昇していきます。
> ●母音・子音　"什么时间 shénmeshíjiān"は「どんな時間、どの時間帯」。ひとつのかたまりとして練習しましょう。

step 3 飛行機は何時に到着しますか。

飞机 什么 时间 到达？
Fēi jī shén me shí jiān dào dá?

1声　1声　2声　軽声　2声　1声　4声　2声

> ●声調　はじめは"飞机 / 什么时间 / 到达"と切って練習しましょう。"什"と"时"の2声は低い位置から上に上がることを意識しましょう。
> ●母音・子音　"到达 dàodá"は「到着する」。最後の"达 dá"の"a"は「ア」と口を大きく開いてください。

173

■)) [s/n/sn/jcn]_085

step 1 誰ですか。

谁？
Shéi?

2声

●声調　2声は低い所から上昇するように意識しましょう。
●母音・子音　"谁"は"shuí"とも発音しますが、口語ではほとんど"shéi"と発音します。→ *p.38*

step 2 彼は誰ですか。

他　是　谁？
Tā　shì　shéi?

1声　4声　2声

●声調　"他"の1声は語尾を下げずに次の"是"4声で下まで下げましょう。下げた所からまた"谁"2声を上げます。
●母音・子音　"是谁"は"sh"から始まる音です。→ *p.56*　"是"は舌を巻いたままですが、"谁"は最初だけ舌をそらし"ei"の音になります。→ *p.38*

step 3 彼は誰の子どもですか。

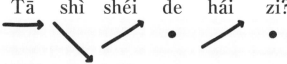

他　是　谁　的　孩子？
Tā　shì　shéi　de　hái　zi?

1声　4声　2声　軽声　2声　軽声

●声調　はじめは"他是 / 谁的 / 孩子"と2音ずつ切って練習しましょう、"谁的"と"孩子"は「2声+軽声」を2度同じように繰り返します。→ *p.70*
●母音・子音　"孩子"は「子供」。"子 zi"を「ズィ」や「ジ」といわないよう気をつけましょう。→ *p.58*

86 誰がしますか。　　谁 + 動詞？

 [s/n/sn/jcn]_086

step 1　誰がしますか。

谁 做？
Shéi zuò?

2声　　4声

> ●声調　２声を低い所から高く上げ、上げた高さから４声を下まで下げてください。
> ●母音・子音　"做"は「する、作る」。複母音の"uo"の"u"の音も残して発音してください。→ p.40

step 2　誰が作ったのですか。

是 谁 做 的？
Shì shéi zuò de?

4声　2声　4声　軽声

> ●声調　"是谁做"は「４声＋２声＋４声」と上下を繰り返します。最後の"的"は軽声で"做"のあとに軽く続けます。→ p.72
> ●母音・子音　"是～的"は構文です。"的"を「デ」にならないよう気をつけてください。ネイティブには"da"に近い発音をされることもあります。

step 3　これは誰が作ったのですか。

这 是 谁 做 的？
Zhè shì shéi zuò de?

4声　4声　2声　4声　軽声

> ●声調　"这"と"是"の４声はどれも同じ高さから下まで下げてください。特に２番目の４声に注意しましょう。→ p.68
> ●母音・子音　"这是"はともに発音がそり舌音です。→ p.56　"这"の"zhe"はそり舌音"zh"のあとに"e"もはっきり音を出して発音してください。→ p.32

🔊) [s/n/sn/jcn]_087

step 1 どうして。

怎么？
Zěn me?

半3声　軽声

●声調　"怎" 3声を半3声にして最初から低く抑え、"么" 軽声で軽く上げてください。→p.72
●母音・子音　"怎么 zěnme" はここで「どうして」という意味。発音は"什么 shénme"と違いますので、混同しないよう気をつけましょう。

step 2 どうしていまさら来たのですか。

怎么 才 来？
Zěn me cái lái?

半3声　軽声　2声　2声

●声調　"才来" のふたつの2声は2回とも同じ低い所から上昇するようにします。→p.68
●母音・子音　"才 cái" は「やっと」。"才来 cáilái" は声調も複母音も同じです。"ai" は「アイ」と口を大きくしてはっきり発音しましょう。

step 3 あなたたちはどうしていまさら来たのですか。

你们 怎么 才 来？
Nǐ men zěn me cái lái?

半3声　軽声　半3声　軽声　2声　2声

●声調　"你们" と "怎么" はともに「半3声＋軽声」で低い所からスタートし、軽声で軽く上げます。それを2回繰り返します。→p.72
●母音・子音　声調の切り方とともに発音もそれぞれつけて練習しましょう。"怎么 zěnme" の発音が "什么 shénme" にならないよう注意して練習してください。

88 なぜ〜なのですか。 为 什么〜?

🔊)) [s/n/sn/jcn]_088

step 1 なぜですか。

为 什么?
Wèi shén me?

4声　　2声　　軽声

● 声調　3音をひとつのまとまりで練習しましょう。"为"は2声と4声のふたつの声調がありますが、ここでは「〜のため」という意味で4声です。
● 母音・子音　それぞれの音節に"e"が入っていますが、"wei"と"shen"の"e"は「エ」と発音するのに対し、"me"の"e"はあいまい母音の発音です。→ p.32、38、42

step 2 なぜ来ないのですか。

为 什么 不 来?
Wèi shén me bù lái?

4声　　2声　　軽声　　4声　　2声

● 声調　はじめは"为什么／不来"のふたつに切って練習しましょう。　"不"4声は高い所から下まで下げることを意識しましょう。
● 母音・子音　"不来"の"不"を有気音の「プー」にならないよう、しかし、やや力を込めて強めに上から下まで下げてください。→ p.50

step 3 彼女はなぜ来ないのですか。

她 为 什么 不 来?
Tā wèi shén me bù lái?

1声　　4声　　2声　　軽声　　4声　　2声

● 声調　はじめは"她／为什么／不来"と3つに切って練習しましょう。"她"の1声は高いままにし語尾で下がらないように気をつけましょう。
● 母音・子音　最初の"她"の"ta"は高さをキープしたまま口を大きく開け「タアー」と発音しましょう。

89 どのように〜するのですか。① 怎么〜?

step 1 どのように来ますか。

怎么 来?
Zěn me lái?

半3声　軽声　2声

●声調　"怎"は半3声で低く抑え、"么"は軽声で少し高さが上がります。"来"は低い所から上げてください。→p.86
●母音・子音　最後の"来"は"ai"の複母音をやや伸ばすようにゆっくりいってください。

step 2 どのように来たのですか。

是 怎么 来 的?
Shì zěn me lái de?

4声　半3声　軽声　2声　軽声

●声調　"怎么"「半3声＋軽声」と"来的"「2声＋軽声」を重点的に練習してください。最初の軽声は前の半3声より少し上げ、後ろの軽声は前の2声より少し下げます。
●母音・子音　"是〜的"構文。"是"を「シ」と発音しないよう注意しましょう。また、最後の"的"はやや"da"に近い音で発音されることがあります。

step 3 あなたたちはどのように来たのですか。

你们 是 怎么 来 的?
Nǐ men shì zěn me lái de?

半3声　軽声　4声　半3声　軽声　2声　軽声

●声調　はじめは"你们是／怎么来的"と大きくふたつに切って練習しましょう。"是"の4声は前後より高くしてから下まで下げてください。
●母音・子音　"怎么"がこの文の中心的な内容なので、"什么 shénme"の発音にならないように注意しましょう。

90 どのように〜するのですか。② 怎么〜?

◀))[s/n/sn/jcn]_090

step 1 どうしますか。

怎么 办？

Zěn me bàn?

半3声　　軽声　　4声

> ●声調　3音ひとまとまりで練習しましょう。最後の"办"の4声は高い所から下まで下げてください。
> ●母音・子音　"办 bàn"は「処理する、取り扱う」。"怎么办"はよく使う表現なので「どうしたらいいか」とひとつの表現として覚えておきましょう。

step 2 私たちはどうしますか。

我们 怎么 办？

Wǒ men zěn me bàn?

半3声　　軽声　　半3声　　軽声　　4声

> ●声調　はじめは"我们 / 怎么办"とふたつに切って練習しましょう。"我们"と"怎么"の「半3声＋軽声」はまず低く抑え、軽声で軽く上に上げます。→p.72
> ●母音・子音　"men"と"me"の"e"の発音がそれぞれ違うことに注意しましょう。→p.32、42

step 3 私たちはどうすればいいですか。

我们 怎么 办 才 好？

Wǒ men zěn me bàn cái hǎo?

半3声　　軽声　　半3声　　軽声　　4声　　2声　　3声

> ●声調　"我们 / 怎么办 / 才好"と3つに切って声調を練習しましょう。"才"は2声を低い所から上昇したあと、最後の3声を出し切ってください。
> ●母音・子音　"才好cái hǎo"の"才cái"は有気音。"c"の音を思い切り出しましょう。→p.50

何個ですか。 　　　　　　　几个？

◀)) [s/n/sn/jcn]_091

step 1 何個ですか。

几　个？
Jǐ　　ge?

●
→
半3声　　軽声

●声調　"几"半3声にして低く抑え
たあとで、"个"軽声で上げます。
→*p.72*
●母音・子音　"几个"は「いく
つ、何個」。"个 ge"を「ゲ」と
発音しないよう気をつけましょう。
→*p.32*

step 2 何個いりますか。

要　几　个？
Yào　jǐ　ge?

●
4声　半3声　軽声

●声調　"要"の4声を高い所から下まで下げて、下げるついでにさらに"几"半
3声を低く抑えます。→*p.72*
●母音・子音　ひとつの単位で声調とともに発音も覚えておきましょう。"要"を
「ヨー」とならないよう「イアオ」と口大きく開いてください。

step 3 あなたは何個いりますか。

你　想　要　几　个？
Nǐ　xiǎng　yào　jǐ　ge?

●
2声　半3声　4声　半3声　軽声

●声調　はじめは"你想要/几个"でそれぞれを練習しましょう。"你"は後ろの"想"
の3声の影響で2声に変わります。"想"は半3声になります。→*p.66*
●母音・子音　"想要"は「〜がほしい」。それぞれの母音の"a"は口を大きく「ア」
と発音しましょう。→*p.46*

92 何人ですか。 几个人？

🔊 [s/n/sn/jcn]_092

step 1 何人ですか。

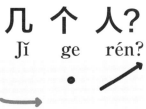

几 个 人？
Jǐ ge rén?

半3声　軽声　2声

●声調　音の高さは全体的に低いです。最後 "人" の２声も軽声のあとに続いて低い所から上昇するように上げてください。
●母音・子音　"人" の発音を「レン」にならないよう、子音のそり舌音の "r" を発音するとき、舌先が上歯茎にふれないよう気をつけましょう。→ *p*.56

step 2 何人いますか。

有 几 个 人？
Yǒu jǐ ge rén?

2声　半3声　軽声　2声

●声調　"有 / 几个人" でまず練習、あとでひとつにつなげてみましょう。"有"は"几"の３声の影響で２声に変化します。"几"は半３声に変化します。→ *p*.66
●母音・子音　"有" を「ユー」にならないよう、「イオウ」に近い音でゆっくりいってください。→ *p*.36

step 3 合わせて何人いますか。

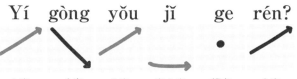

一共 有 几 个 人？
Yí gòng yǒu jǐ ge rén?

2声　4声　2声　半3声　軽声　2声

●声調　はじめは "一共 / 有几个人" で練習してみましょう。"一" は "共" の４声の影響で２声に変化します。→ *p*.76
●母音・子音　"一共" の "共" は「コン」にならないよう、無気音の「ゴン」に近い音です。→ *p*.50

93 ～はいくらですか。 ～多少 钱？

◀ ») [s/n/sn/jcn]_093

step 1 いくらですか。

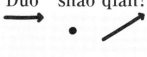

多少 钱？
Duō shao qián?

1声　　軽声　　2声

●声調 "少" は3声にも発音されますが、口語では軽声の場合が多いです。"多" の1声の高さを語尾で下げないよう気をつけましょう。
●母音・子音 3音をひとつの単位で覚えましょう。"钱 qián" は「お金。」「チアン」にならないよう "a" を「エ」と発音してください。→p.46

step 2 合計でいくらですか。

一共 多少 钱？
Yí gòng duō shao qián?

2声　　4声　　1声　　軽声　　2声

●声調 はじめは "一共 / 多少钱" とふたつに切って練習しましょう。"共" 4声からつながる "多" の1声の高さを高くすることを意識しましょう。
●母音・子音 "一共" は「全部合わせて」。"共" は無気音なので「コン」ではなく「ゴン」に近い音になります。→p.50

step 3 これらは合計でいくらですか。

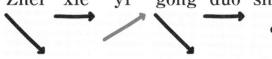

这些 一共 多少 钱？
Zhèi xiē yí gòng duō shao qián?

4声　　1声　　2声　　4声　　1声　　軽声　　2声

●声調 はじめは "这些 / 一共 / 多少钱" と3つに分けましょう。"钱" の2声は1声になりやすいので、低い所から上昇するようにして1声と区別しましょう。
●母音・子音 "这些 zhèixiē" は複数を表す「これら」の意味。それぞれの母音の "e" は「エ」と発音します。→p.38

94 どのくらい〜ですか。 多长〜？

◀)) [s/n/sn/jcn]_094

step 1 どのくらいの時間ですか。

多 长 时 间？
Duō cháng shí jiān?
→ ↗ ↗ →
1声　2声　2声　1声

●声調　全体的に音程は高い所にありますが、"长" "时"の2声を1声より低い所から上げるようにして1声と区別をしましょう。
●母音・子音　"时间"の"间"は「ジアン」にならないよう、"jian"の"a"を「エ」にして発音してください。→p.46

step 2 どのくらいかかりますか。

需要 多 长 时间？
Xū yào duō cháng shí jiān?
→ ↘ → ↗ ↗ →
1声　4声　1声　2声　2声　1声

●声調　最初の"需"の1声は次の"要"4声の直前まで高さをキープして、そのあとに下まで下げるように意識してください。
●母音・子音　"需 xū"は"xü"の音です。「ウ」にならないよう舌先を下歯茎に付けて発音してください。→p.34

step 3 空港までどのくらいかかりますか。

到 机场 需要 多 长 时间？
Dào jī chǎng xū yào duō cháng shí jiān?
↘ → 半3声 → ↘ → ↗ ↗ →
4声　1声　半3声　1声　4声　1声　2声　2声　1声

●声調　はじめは"到机场 / 需要 / 多长时间"と3つでそれぞれ練習しましょう。"机场"の「1声＋半3声」は1声の高さを落とさずに半3声で低く抑えます。
●母音・子音　"到机场"は「空港まで」。"场 chǎng"の鼻母音の"ang"は口を大きく「アーン」と発音しましょう。

183

95 何時ですか。 几 点?

step 1 何時ですか。

几 点?
Jǐ diǎn?

2声　3声

●声調　"几"の3声は後ろの"点"の3声の影響で2声に変化します。"点"の3声は出し切ってください。
→ *p.66*
●母音・子音　"几点"は「何時」。"点 diǎn"の鼻母音に注意しましょう。"ian"の"a"は「エ」です。
→ *p.46*

step 2 何時に仕事が終わりますか。

几 点 下 班?
Jǐ diǎn xià bān?

2声　半3声　4声　1声

●声調　はじめは"几点 / 下班"と2音ずつで練習してみましょう。"点"の半3声で低く抑えてから"下"の4声の頭の音で高く上げます。→ *p.66*
●母音・子音　"下班"は"仕事が終わる、退勤する"。"下 xià"は"a"を口を大きく「ア」と開いて発音してください。

step 3 あなたは毎日何時に仕事が終わりますか。

你 每天 几 点 下 班?
Nǐ měi tiān jǐ diǎn xià bān?

2声　半3声　1声　2声　半3声　4声　1声

●声調　はじめは"你每天 / 几点 / 下班"で練習してください。"你"は2声に変化します。"天"と"班"の1声を高く伸ばすようにしてください。
●母音・子音　"每天"は「毎日」。"天"の鼻母音"ian"の"a"は「エ」です。
→ *p.46*

96 何回ですか。 　　　　几次?

🔊 [s/n/sn/jcn]_096

step 1 何回ですか。

几　次？
Jǐ　cì?

半3声　4声

> ●声調 "几" は低く半３声を出し、"次" で高い所から４声を下まで下げてください。→p.66
> ●母音・子音 "几次" の "jǐcì" の組み合わせが難しいですが、"ci" は「シィ」にならないよう「ツ」に近い音で口を横に開いて発音してください。→p.58

step 2 何回来たことがありますか。

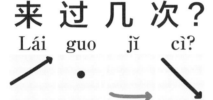

来　过　几　次？
Lái　guo　jǐ　cì?

2声　軽声　半3声　4声

> ●声調 はじめは "来过 / 几次 / 日本" と２音ずつ切って練習しましょう。"来" の２声の後ろの軽声は２声の上がった高さから下げます。→p.70
> ●母音・子音 複母音 "ai" "uo" を意識して出しましょう。

step 3 彼女は日本に何回来たことがありますか。

她　来　过　几　次　日本？
Tā　lái　guo　jǐ　cì　Rì　běn?

1声　2声　軽声　半3声　4声　4声　3声

> ●声調 "她 / 来过 / 几次 / 日本" でまずは練習してください。"她" の１声のあとの "来" はしっかり低い位置から上げるようにしましょう。
> ●母音・子音 "过" の "guo" は軽声ですが、複母音 "uo" の "u" の音を残して発音してください。→p.40

97 何曜日ですか。 星期 几?

🔊 [s/n/sn/jcn]_097

step 1 何曜日ですか。

星期　几?

Xīng　qī　jǐ?

1声　　1声　　3声

> ●声調　"星期"のふたつの1声は同じ高さをキープして、"几"の3声は低く抑えたあと出し切ります。
> ●母音・子音　"期"の"qi"は有気音、強く息を伴って発音します。"几"の"ji"は無気音、強すぎないようそれぞれ注意しましょう。→p.50

step 2 何曜日に来ますか。

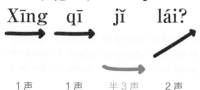

星期　几　来?

Xīng　qī　jǐ　lái?

1声　　1声　　半3声　　2声

> ●声調　はじめは"星期几/来"と軽く切って練習しましょう。そして"几"で下がった高さから"来"の2声を出します。→p.64
> ●母音・子音　最後の"来"の複母音"ai"は口を大きく開いて発音しましょう。

step 3 あなたは何曜日に会社に来ますか。

你　星期　几　来　公司?

Nǐ　xīng　qī　jǐ　lái　gōng　sī?

半3声　　1声　　1声　　半3声　　2声　　1声　　1声

> ●声調　はじめは"你星期几/来公司"とふたつに切りましょう。"你"半3声で低く抑え、"公司"のふたつの1声は同じ高さで伸ばしましょう。→p.68
> ●母音・子音　"公司"の"司sī"を「スィー」にならないよう気を付けましょう。→p.58

98 何月何日ですか。 几月几号?

🔊») [s/n/sn/jcn]_098

step 1 何日ですか。

几 号?
Jǐ hào?

半3声　4声

●声調　最初から"几"の半３声を低く抑えたまま、"号"４声を高い位置から下まで下げてください。
→p.66
●母音・子音　"几号 jǐhào"は「何日」。"号"の複母音"ao"は口を大きく開いて発音しましょう。

step 2 何月何日ですか。

几 月 几 号?
Jǐ yuè jǐ hào?

半3声　4声　半3声　4声

●声調　"几月"と"几号"は同じ「半３声＋４声」の繰り返しです。最初から半３声を低く抑えたまま、４声を高い所からを下まで下げてください。→p.66
●母音・子音　"月 yuè"は複母音の"üe"です。→p.38　"e"はあいまい母音ではなく、「エ」と発音します。"ü"の音もはっきり残して発音してください。

step 3 何月何日何曜日ですか。

几 月 几 号 星期 几?
Jǐ yuè jǐ hào xīng qī jǐ?

半3声　4声　半3声　4声　1声　1声　3声

●声調　"几月 / 几号 / 星期几"と軽く切って練習しましょう。"几"の声調はとにかく低いです。３つとも低く抑えるように練習しましょう。
●母音・子音　"ji"と"qi"の音はできるだけ、口を左右に伸ばすようにしましょう。

99 おいくつですか。　　　多大？

🔊) [s/n/sn/jcn]_099

step 1 おいくつですか。

多 大？
Duō dà?

1声　4声

> ●声調　"多"の1声は高さを語尾で下げないよう気を付けましょう。"大"の4声は1声の高さから下げてください。
> ●母音・子音　"多大"は「どのくらい大きい」の疑問形です。"多"の複母音"uo"の部分を丁寧にいってください。→p.40

step 2 あなたはおいくつですか。

你 多 大 了？
Nǐ duō dà le?

半3声　1声　4声　軽声

> ●声調　切らずにひとまとまりで練習しましょう。"你"の半3声を低く抑えます。"了"の軽声は"大"の4声を下まで下げそのあとについでに出すようにします。
> ●母音・子音　声調を整えてから発音も一緒に暗記して使いましょう。"大"の母音"a"は口を大きく開いて発音してください。

step 3 あなたはおいくつでいらっしゃいますか。

您 多 大 年纪 了？
Nín duō dà nián jì le?

2声　1声　4声　2声　4声　軽声

> ●声調　"多大年纪"をひとつの表現として、"大"と"纪"の4声を同じ高さから下げてください。
> ●母音・子音　"您 nín"は"你"の敬称です。"年"は「ニアン」にならないよう鼻母音の"ian"に気をつけましょう。→p.46

100　どのくらい長いですか。　　　多长？

🔊ⁿ[s/n/sn/jcn]_100

step 1　どのくらい長いですか。

多 长？
Duō cháng?

1声　　2声

> ●声調　"多"の１声を高いまま語尾を下げないように注意。"长"の２声を低い所から１声の高さを目指して上昇するように意識してください。
> ●母音・子音　"多长"は「どのくらい長い」の疑問形です。"长 cháng"の"a"は口を大きく開け「ア」と発音してください。

step 2　どのくらいの長さがありますか。

有 多 长？
Yǒu　duō cháng?

半3声　　1声　　2声

> ●声調　切らずにひとまとまりで練習しましょう。"有"を半３声にして低く抑え"多"の１声につなげます。
> ●母音・子音　「どのくらいの長さがあるか」の疑問形です。"有"を「ユー」にならないよう注意しましょう。→p.36

step 3　万里の長城はどのくらい長いですか。

长城 有 多 长？
Chángchéng yǒu　duō　cháng?

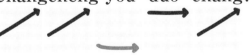

2声　　2声　　半3声　　1声　　2声

> ●声調　はじめは"长城／有多长"とふたつに切って練習してください。"长城"のふたつの２声は同じ高さから上昇するようにしてください。→p.68
> ●母音・子音　"长城 Chángchéng"の子音はふたつともそり舌音"ch"です。→p.56　鼻母音"ang"と"eng"の違いは"a"と"e"にあります。→p.42

ウォームアップ ▼ 決まり文句を言ってみよう

❶ あいさつ① 🔊) c_001

こんにちは。	你好。	Nǐ hǎo.
おはようございます。	早上好。	Zǎoshang hǎo.
こんばんは。	晚上好。	Wǎnshang hǎo.
Ａお元気ですか。	你好吗？	Nǐ hǎo ma?
Ｂ元気です。あなたは？	很好。你呢？	Hěn hǎo. Nǐ ne?

❷ あいさつ② 🔊) c_002

さようなら。	再见。	Zài jiàn.
また明日。	明天见。	Míngtiān jiàn.
また明後日。	后天见。	Hòutiān jiàn.
Ａお疲れさまでした！また明日！	辛苦了！明天见！	Xīnkǔ le. Míngtiān jiàn!
Ｂまた明日！	明天见！	Míngtiān jiàn.

❸ お礼の表現 🔊) c_003

ありがとうございます。	谢谢。	Xièxie.
どういたしまして。	不用谢。	Bú yòng xiè.
どういたしまして。	不客气。	Bú kèqi.
Ａ助けていただいてありがとう。	谢谢你的帮助。	Xièxie nǐ de bāngzhù.
Ｂどういたしまして。	不客气。	Bú kèqi.

❹ おわびの表現 🔊) c_004

ごめんなさい。	对不起。	Duìbuqǐ.
すみません。	不好意思。	Bù hǎo yìsi.
大丈夫です。	没关系。	Méi guānxi.
Ａ遅くなりました、すみません。	我来晚了，对不起。	Wǒ lái wǎn le, duìbuqǐ.
Ｂ大丈夫です。	没关系。	Méi guānxi.

▼ 単語を組み合わせて言ってみよう

❺ ～の… 的　　　　　🔊)) c_005

私の	我 的	wǒ de
私の本	我 的 书	wǒ de shū
私の父の本	我 爸爸 的 书	wǒ bàba de shū
Ａ これはだれの本ですか。	这 是 谁 的 书？	Zhè shì shéi de shū?
Ｂ 私のです。	是 我 的。	Shì wǒ de.

❻ ～と… 和　　　　　🔊)) c_006

私と彼女	我 和 她	Wǒ hé tā
私とあなたと彼	我、你 和 他	Wǒ、nǐ hé tā
私たちとあなたたちと彼ら	我们、你们 和 他们	Wǒmen、nǐmen hé tāmen
Ａ あなたはだれとご一緒ですか。	你 和 谁 在 一起？	Nǐ hé shéi zài yìqǐ?
Ｂ 彼女と一緒です。	我 和 她。	Wǒ hé tā.

❼ あります。 有　　　　🔊)) c_007

ありますか。	有 吗?	Yǒu ma?
あります。	有。	Yǒu.
ありません。	没 有。	Méi yǒu.
Ａ お時間ありますか。	你 有 时间 吗？	Nǐ yǒu shíjiān ma?
Ｂ すみません、ないです。	对不起，没有。	Duìbuqǐ, méiyǒu.

❽ いいです。 好　　　　🔊)) c_008

いいですか。	好 吗?	Hǎo ma?
いいですよ。	好。	Hǎo.
よくありません。	不 好。	Bù hǎo.
Ａ 一緒に行きませんか。	一起 去，好 吗？	Yìqǐ qù,hǎo ma?
Ｂ いいですよ。	好。	Hǎo.

❾ 行きます。 去		🔊 c_009
私は行きます。	我 去。	Wǒ qù.
私はそこに行きます。	我 去 那儿。	Wǒ qù nàr.
私はそこに行きません。	我 不 去 那儿。	Wǒ bú qù nàr.
A そこへ行きますか。	你 去 那儿 吗？	Nǐ qù nàr ma?
B 行きます。	我 去。	Wǒ qù.

❿ 来ます。 来		🔊 c_010
私は来ます。	我 来。	Wǒ lái.
私はここに来ます。	我 来 这儿。	Wǒ lái zhèr.
私はここに来ません。	我 不 来 这儿。	Wǒ bù lái zhèr.
A 彼はここに来ますか。	他 来 这儿 吗？	Tā lái zhèr ma?
B 来ません。	不 来。	Bù lái.

パターンフレーズ トレーニング

⓫ これは～です。 这是～。		🔊 c_011
これは私のです。	这 是 我 的。	Zhè shì wǒ de.
これは私の名刺です。	这 是 我 的 名片。	Zhè shì wǒ de míngpiàn.
これは私の名刺ではありません。	这 不 是 我 的 名片。	Zhè bú shì wǒ de míngpiàn.
A これはだれのですか。	这 是 谁 的？	Zhè shì shéi de?
B これは私のです。	这 是 我 的。	Zhè shì wǒ de.

⓬ あれは～です。 那是～。		🔊 c_012
それは彼女のです。	那 是 她 的。	Nà shì tā de.
それは彼女の携帯電話です。	那 是 她 的 手机。	Nà shì tā de shǒujī.
それは彼女の携帯電話ではありません。	那 不 是 她 的 手机。	Nà bú shì tā de shǒujī.
A あれはだれの携帯電話ですか。	那 是 谁 的 手机？	Nà shì shéi de shǒujī?
B 彼女のです。	那 是 她 的。	Nà shì tā de.

⑬ これは〜ですか。 这是〜吗? 🔊 c_013

これはあなたのですか。	这 是 你 的 吗?	Zhè shì nǐ de ma?
これはあなたのお金ですか。	这 是 你 的 钱 吗?	Zhè shì nǐ de qián ma?
これはあなたのお財布ですか。	这 是 你 的 钱包 吗?	Zhè shì nǐ de qiánbāo ma?
A これはあなたの荷物ですか。	这 是 你 的 行李 吗?	Zhè shì nǐ de xíngli ma?
B 私のです。	是 我 的。	Shì wǒ de.

⑭ あれは〜ですか。 那是〜吗? 🔊 c_014

それはあなたたちのですか。	那 是 你们 的 吗?	Nà shì nǐmen de ma?
それはあなたたちの会社ですか。	那 是 你们 的 公司 吗?	Nà shì nǐmen de gōngsī ma?
それはあなたたちの貿易会社ですか。	那 是 你们 的 贸易公司 吗?	Nà shì nǐmen de màoyì gōngsī ma?
A あれはあなたのパソコンですか。	那 是 你 的 电脑 吗?	Nà shì nǐ de diànnǎo ma?
B 私のではありません。	不 是 我 的。	Bú shì wǒ de.

⑮ 私は〜です。 我 是〜。 🔊 c_015

私は日本人です。	我 是 日本 人。	Wǒ shì Rìběn rén.
私は日本人ではありません。	我 不 是 日本 人。	Wǒ bú shì Rìběn rén.
私も日本人ではありません。	我 也 不 是 日本 人。	Wǒ yě bú shì Rìběn rén.
A あなたは日本人ですか。	你 是 日本 人 吗?	Nǐ shì Rìběn rén ma?
B そうです。日本人です。	对，我 是 日本 人。	Duì, wǒ shì Rìběn rén.

⑯ あなたは〜ですか。 你 是〜吗? 🔊 c_016

あなたは学生です。	你 是 学生。	Nǐ shì xuésheng.
あなたは学生ですか。	你 是 学生 吗?	Nǐ shì xuésheng ma?
あなたは学生ではありません。	你 不 是 学生。	Nǐ bú shì xuésheng.
A あなたは中国人ですか。	你 是 中国 人 吗?	Nǐ shì Zhōngguó rén ma?
B 違います。	我 不 是。	Wǒ bú shì.

⑰ 私は～します。① 　我＋動詞～。

私は食べます。	我 吃。	Wǒ chī.
私はご飯を食べます。	我 吃 饭。	Wǒ chī fàn.
私は毎日朝ごはんを食べます。	我 每天 吃 早饭。	Wǒ měitiān chī zǎofàn.
Ａあなたはぎょうざを食べますか。	你 吃 饺子 吗？	Nǐ chī jiǎozi ma?
Ｂ食べます。	我 吃。	Wǒ chī.

⑱ 私は～します。② 　我＋動詞～。

🔊 c_018

私は飲みます。	我 喝。	Wǒ hē.
私はお茶を飲みます。	我 喝 茶。	Wǒ hē chá.
私は朝お茶を1杯飲みます。	我 早上 喝 一 杯 茶。	Wǒ zǎoshang hē yì bēi chá.
Ａあなたはコーヒーを飲みますか。	你 喝 咖啡 吗？	Nǐ hē kāfēi ma?
Ｂ飲みます。	我 喝。	Wǒ hē.

⑲ 私は～します。③ 　我＋動詞～。

🔊 c_019

私は聴きます。	我 听。	Wǒ tīng.
私は音楽を聴きます。	我 听 音乐。	Wǒ tīng yīnyuè.
私はクラシック音楽を聴きます。	我 听 古典 音乐。	Wǒ tīng gǔdiǎn yīnyuè.
Ａ中国音楽を聴きますか。	你 听 中国 音乐 吗？	Nǐ tīng Zhōngguó yīnyuè ma?
Ｂ聴きます。	我 听。	Wǒ tīng.

⑳ 私は～します。④ 　我＋動詞～。

🔊 c_020

私は見ます。	我 看。	Wǒ kàn.
私はテレビを見ます。	我 看 电视。	Wǒ kàn diànshì.
私はテレビを1時間見ます。	我 看 一 个 小时 电视。	Wǒ kàn yí ge xiǎoshí diànshì.
Ａあなたは映画を見ますか。	你 看 电影 吗？	Nǐ kàn diànyǐng ma?
Ｂ見ません、テレビを見ます。	不 看，我 看 电视。	Bú kàn, wǒ kàn diànshì.

㉑ あなたは〜しますか。① 你+動詞+吗？

🔊 c_021

あなたは飲みます。	你 喝。	Nǐ hē.
あなたはお茶を飲みますか。	你 喝 茶 吗?	Nǐ hē chá ma?
あなたは朝お茶を飲みますか。	你 早上 喝 茶 吗?	Nǐ zǎoshang hē chá ma?
A 朝お茶を飲みますか。	你 早上 喝 茶 吗？	Nǐ zǎoshang hē chá ma?
B 飲みません、コーヒーを飲みます。	不 喝，我 喝 咖啡。	Bù hē, wǒ hē kāfēi.

㉒ あなたは〜しますか。② 你+動詞+吗？

🔊 c_022

あなたは来ます。	你 来。	Nǐ lái.
あなたは来ますか。	你 来 吗?	Nǐ lái ma?
あなたは日本に来ますか。	你 来 日本 吗?	Nǐ lái Rìběn ma?
A 来年彼女は日本に来ますか。	明年 她 来 日本 吗？	Míngnián tā lái Rìběn ma?
B 彼女は来ます。	她 来。	Tā lái.

㉓ あなたは〜しますか。③ 你+動詞+吗？

🔊 c_023

あなたは知っています。	你 知道。	Nǐ zhīdao.
あなたは知っていますか。	你 知道 吗?	Nǐ zhīdao ma?
あなたはこのことを知っていますか。	你 知道 这 件 事 吗?	Nǐ zhīdao zhè jiàn shì ma?
A 彼女のお名前をご存じですか。	你 知道 她 的 名字 吗？	Nǐ zhīdao tā de míngzi ma?
B 知りません。	不 知道。	Bù zhīdào.

㉔ あなたは〜しますか。④ 你+動詞+吗？

🔊 c_024

あなたは好きです。	你 喜欢。	Nǐ xǐhuan.
あなたは好きですか。	你 喜欢 吗?	Nǐ xǐhuan ma?
あなたは彼女のことが好きですか。	你 喜欢 她 吗?	Nǐ xǐhuan tā ma?
A これがお気に入りですか。	你 喜欢 这个 吗？	Nǐ xǐhuan zhèige ma?
B 好きではありません。	我 不 喜欢。	Wǒ bù xǐhuan.

㉕ ～しました。　動詞＋了。

🔊 c_025

買いました。	买了。	Mǎi le.
本を1冊買いました。	买了一本书。	Mǎi le yì běn shū.
私は本を1冊買いました。	我买了一本书。	Wǒ mǎi le yì běn shū.
Ⓐ何を買いましたか。	你买什么了？	Nǐ mǎi shénme le?
Ⓑ本を一冊買いました。	我买了一本书。	Wǒ mǎi le yì běn shū.

㉖ ～していません。　没（有）＋動詞～。

🔊 c_026

言っていません。	没说。	Méi shuō.
私は言っていません。	我没说。	Wǒ méi shuō.
私は嘘を言っていません。	我没说假话。	Wǒ méi shuō jiǎ huà.
Ⓐ言いましたか。	你说了吗？	Nǐ shuō le ma?
Ⓑ言っていません。	我没说。	Wǒ méi shuō.

㉗ ～はありますか　有～吗?

🔊 c_027

時間がありますか。	有空儿吗?	Yǒu kòngr ma?
今、時間がありますか。	现在有空儿吗?	Xiànzài yǒu kòngr ma?
今、あなたは時間がありますか。	现在你有空儿吗?	Xiànzài nǐ yǒu kòngr ma?
Ⓐ明日お時間ありますか。	明天你有空儿吗？	Míngtiān nǐ yǒu kòngr ma?
Ⓑありません。	没有。	Méiyǒu.

㉘ ～はいますか　～在 吗?

🔊 c_028

彼はいます。	他在。	Tā zài.
彼はいますか。	他在吗?	Tā zài ma?
彼はいませんか。	他不在吗?	Tā bú zài ma?
Ⓐ彼は学校にいますか。	他在学校吗？	Tā zài xuéxiào ma?
Ⓑ彼は学校にいます。	他在学校。	Tā zài xuéxiào.

㉙ ～ではないですか。① 不～吗?

🔊 c_029

疲れていますか。	累 吗?	Lèi ma?
疲れていませんか。	不 累 吗?	Bú lèi ma?
あなたは疲れていませんか。	你 不 累 吗?	Nǐ bú lèi ma?
A いま疲れていますか。	现在 你 累 吗?	Xiànzài nǐ lèi ma?
B とても疲れています。	我 很 累。	Wǒ hěn lèi.

㉚ ～ではないですか。② 没(有)～吗?

🔊 c_030

おもしろいです。	有 意思。	Yǒu yìsi.
おもしろくないですか。	没 有 意思 吗?	Méi yǒu yìsi ma?
映画はおもしろくないですか。	电影 没 有 意思 吗?	Diànyǐng méi yǒu yìsi ma?
A 仕事は面白いですか。	工作 有 意思 吗?	Gōngzuò yǒu yìsi ma?
B とても面白いです。	很 有 意思。	Hěn yǒu yìsi.

㉛ 私は～です。② 形容詞 我+很+形容詞

🔊 c_031

忙しいです。	很 忙。	Hěn máng.
私は忙しいです。	我 很 忙。	Wǒ hěn máng.
最近私は忙しいです。	最近 我 很 忙。	Zuìjìn wǒ hěn máng.
A 最近どうですか。	最近 怎么样?	Zuìjìn zěnmeyàng?
B 忙しいです。	很 忙。	Hěn máng.

㉜ あなたは〜ですか。② 形容詞 你+形容詞+吗？ 🔊 c_032

お元気ですか。	你好吗？	Nǐ hǎo ma?
体調はいかがですか。	你身体好吗？	Nǐ shēntǐ hǎo ma?
ご両親の体調はいかがですか。	你父母身体好吗？	Nǐ fùmǔ shēntǐ hǎo ma?
Ⓐおばあさんはお元気ですか。	奶奶身体好吗？	Nǎinai shēntǐ hǎo ma?
▶Ⓑ元気です。	她很好。	Tā hěn hǎo.

㉝ 〜にいます。 在〜。 🔊 c_033

家にいます。	在家。	Zài jiā.
彼は家にいます。	他在家。	Tā zài jiā.
彼は夜、家にいます。	他晚上在家。	Tā wǎnshang zài jiā.
Ⓐ彼は夜家にいますか。	他晚上在家吗？	Tā wǎnshang zài jiā ma?
▶Ⓑいません、会社にいます。	不在家，在公司。	Bú zài jiā, zài gōngsī.

㉞ 〜しているところです。 在+動詞+〜呢。 🔊 c_034

電話をかけているところです。	在打电话。	Zài dǎ diànhuà.
私は電話をかけているところです。	我在打电话呢。	Wǒ zài dǎ diànhuà ne.
私は彼に電話をかけているところです。	我在给他打电话呢。	Wǒ zài gěi tā dǎ diànhuà ne.
Ⓐ何をしていますか。	你在干什么呢？	Nǐ zài gàn shénme ne?
▶Ⓑ料理を作っています。	我在做菜呢。	Wǒ zài zuò cài ne.

198

㉟ 〜で…をします。　**在＋場所＋…。**　🔊)) c_035

ここにいます。	在 这儿。	Zài zhèr.
私はここにいます。	我 在 这儿。	Wǒ zài zhèr.
私はここであなたを待ちます。	我 在 这儿 等 你。	Wǒ zài zhèr děng nǐ.
Ａ 今晩どこでごはんを食べますか。	你 今晚 在 哪儿 吃饭？	Nǐ jīnwǎn zài nǎr chīfàn?
Ｂ 家で食べます。	我 在 家 吃饭。	Wǒ zài jiā chīfàn.

㊱ 〜で…しています。　**動詞＋在＋〜。**　🔊)) c_036

東京に住んでいます。	住 在 东京。	Zhù zài Dōngjīng.
私は東京に住んでいます。	我 住 在 东京。	Wǒ zhù zài Dōngjīng.
私は東京の郊外に住んでいます。	我 住 在 东京 的 郊外。	Wǒ zhù zài Dōngjīng de jiāowài.
Ａ どこに住んでいますか。	你 住 在 哪儿？	Nǐ zhù zài nǎr?
Ｂ 東京に住んでいます。	我 住 在 东京。	Wǒ zhù zài Dōngjīng.

㊲ どうぞ〜してください。　**请〜。**　🔊)) c_037

どうぞお入りください。	请 进。	Qǐng jìn.
どうぞお入りください。	请 进 来。	Qǐng jìn lai.
どうぞ部屋の中にお入りください。	请 你 进 房间 里 来。	Qǐng nǐ jìn fángjiān li lai.
Ａ 入ってもよろしいですか。	我 可以 进来 吗？	Wǒ kěyǐ jìnlai ma?
Ｂ どうぞ。	可以，请 进。	Kěyǐ, Qǐng jìn.

199

㊳ ～していただけませんか。	能不能～？	◀)) c_038
私にくださいませんか。	能不能给我？	Néng bu néng gěi wǒ?
私に1枚くださいませんか。	能不能给我一张？	Néng bu néng gěi wǒ yì zhāng?
私に名刺を1枚くださいませんか。	能不能给我一张名片？	Néng bu néng gěi wǒ yì zhāng míngpiàn?
Ａ コーヒーを一杯いただけますか。	能不能给我一杯咖啡？	Néng bu néng gěi wǒ yì bēi kāfēi?
▶Ｂ もちろん。	当然可以。	Dāngrán kěyǐ.

㊴ 私は～したいです。①	我想～。	◀)) c_039
私は買いたいです。	我想买。	Wǒ xiǎng mǎi.
私はパソコンが買いたいです。	我想买电脑。	Wǒ xiǎng mǎi diànnǎo.
私は新しいパソコンが買いたいです。	我想买新的电脑。	Wǒ xiǎng mǎi xīn de diànnǎo.
Ａ 何を買いたいのですか。	你想买什么？	Nǐ xiǎng mǎi shénme?
▶Ｂ パソコンを買いたいです。	我想买电脑。	Wǒ xiǎng mǎi diànnǎo.

㊵ 私は～したいです。②	我要～。	◀)) c_040
私は見たいです。	我要看。	Wǒ yào kàn.
私は新聞が読みたいです。	我要看报纸。	Wǒ yào kàn bàozhǐ.
私は今日の新聞が読みたいです。	我要看今天的报纸。	Wǒ yào kàn jīntiān de bàozhǐ.
Ａ 何がしたいのですか。	你要做什么？	Nǐ yào zuò shénme?
▶Ｂ 新聞を読みたいです。	我要看报纸。	Wǒ yào kàn bàozhǐ.

㊶ ～しなければなりません。　得～。 🔊)) c_041

私は行かなければなりません。	我 得 走。	Wǒ děi zǒu.
私はすぐ行かなければなりません。	我 得 马上 走。	Wǒ děi mǎshàng zǒu.
今私はすぐ行かなければなりません。	现在 我 得 马上 走。	Xiànzài wǒ děi mǎshàng zǒu.
Ａ いつお出かけですか。	你 什么 时候 走？	Nǐ shénme shíhou zǒu?
Ｂ すぐに行かなければなりません。	我 得 马上 走。	Wǒ děi mǎshàng zǒu.

㊷ ～すべきです。　应该～。 🔊)) c_042

あなたは参加すべきです。	你 应该 参加。	Nǐ yīnggāi cānjiā.
あなたは会議に参加すべきです。	你 应该 参加 会议。	Nǐ yīnggāi cānjiā huìyì.
あなたは今日の会議に参加すべきです。	你 应该 参加 今天 的 会议。	Nǐ yīnggāi cānjiā jīntiān de huìyì.
Ａ 会議に出なければなりませんか。	我 要 参加 会议 吗？	Wǒ yào cānjiā huìyì ma?
Ｂ 出たほういいです。	你 应该 参加。	Nǐ yīnggāi cānjiā.

㊸ とても～です。　很～。 🔊)) c_043

いいです。	很 好。	Hěn hǎo.
私は元気です。	我 很 好。	Wǒ hěn hǎo.
私は体調がいいです。	我 身体 很 好。	Wǒ shēntǐ hěn hǎo.
Ａ ご両親はお元気ですか。	你 父母 都 好 吗？	Nǐ fùmǔ dōu hǎo ma?
Ｂ 二人とも元気です。	他们 都 很 好。	Tāmen dōu hěn hǎo.

㊹ ～すぎます。 太～了。		🔊 c_044
（値段が）高すぎます。	太 贵 了。	Tài guì le.
これは（値段が）高すぎます。	这个 太 贵 了。	Zhèige tài guì le.
私は、これは（値段が）高すぎると思います。	我 觉得 这个 太 贵 了。	Wǒ juéde zhèige tài guì le.
Ａこれをどう思いますか。	你 觉得 这个 怎么样？	Nǐ juéde zhèige zěnmeyàng?
Ｂとっても高いと思います。	我 觉得 太 贵 了。	Wǒ juéde tài guì le.

㊺ 私は～が好きです。 我 喜欢～。		🔊 c_045
私は見るのが好きです。	我 喜欢 看。	Wǒ xǐhuan kàn.
私は映画を見ることが好きです。	我 喜欢 看 电影。	Wǒ xǐhuan kàn diànyǐng.
私は中国の映画を見ることが好きです。	我 喜欢 看 中国 电影。	Wǒ xǐhuan kàn Zhōngguó diànyǐng.
Ａ何をするのがお好きですか。	你 喜欢 做 什么？	Nǐ xǐhuan zuò shénme?
Ｂ運動が好きです。	我 喜欢 运动。	Wǒ xǐhuan yùndòng.

㊻ 私は～が好きではありません。 我 不 喜欢～。		🔊 c_046
私は好きではありません。	我 不 喜欢。	Wǒ bù xǐhuan.
私は試験が好きではありません。	我 不 喜欢 考试。	Wǒ bù xǐhuan kǎoshì.
私は数学の試験が好きではありません。	我 不 喜欢 数学 考试。	Wǒ bù xǐhuan shùxué kǎoshì.
Ａ勉強がお好きですか。	你 喜欢 学习 吗？	Nǐ xǐhuan xuéxí ma?
Ｂきらいです。	不 喜欢。	Bù xǐhuan.

㊼ 私は〜だと思います。① 　**我＋觉得〜。**　🔊 c_047

私はなかなかいいと思います。	我 觉得 不错。	Wǒ juéde búcuò.
私はあまりよくないと思います。	我 觉得 不太 好。	Wǒ juéde bú tài hǎo.
私は楽しくありません。	我 觉得 不 开心。	Wǒ juéde bù kāixīn.
Ⓐこれが良いと思いますか。	你 觉得 这个 好 不 好？	Nǐ juéde zhèige hǎo bu hǎo?
Ⓑなかなか良いですね。	我 觉得 这个 不错。	Wǒ juéde zhèige búcuò.

㊽ 私は〜だと思います。② 　**我＋认为〜。**　🔊 c_048

私は思います。	我 认为。	Wǒ rènwéi.
私は適切だと思います。	我 认为 很 合适。	Wǒ rènwéi hěn héshì.
私は仕事が適切だと思います。	我 认为 工作 很 合适。	Wǒ rènwéi gōngzuò hěn héshì.
Ⓐ相応しいと思いますか。	你 认为 合适 吗？	Nǐ rènwéi héshì ma?
Ⓑ相応しいと思います。	我 认为 很 合适。	Wǒ rènwéi hěn héshì.

㊾ 私は〜ができます。① 　**我 会〜。**　🔊 c_049

私は中国語が話せます。	我 会 说 汉语。	Wǒ huì shuō Hànyǔ.
私は中国語が話せません。	我 不 会 说 汉语。	Wǒ bú huì shuō Hànyǔ.
私はあまり中国語が話せません。	我 不 太 会 说 汉语。	Wǒ bú tài huì shuō Hànyǔ.
Ⓐ中国語が話せますか。	你 会 说 汉语 吗？	Nǐ huì shuō Hànyǔ ma?
Ⓑ少し話せます。	会 说 一点儿。	Huì shuō yìdiǎnr.

50 私は～ができます。②	**我 能～。**	◀)) c_050
私はあなたに話すことができます。	我 能 告诉 你。	Wǒ néng gàosu nǐ.
私はあなたに話すことができません。	我 不 能 告诉 你。	Wǒ bù néng gàosu nǐ.
私はあなたにこのことを話すことができません。	我 不 能 告诉 你 这 件 事。	Wǒ bù néng gàosu nǐ zhè jiàn shì.
Ａ このことを教えてもらえませんか。	能 不 能 告诉 我 这 件 事？	Néng bu néng gàosu wǒ zhè jiàn shì?
Ｂ 申し訳ありませんが、お教えできません。	对不起, 不 能 告诉 你 这 件 事。	Duìbuqǐ, bù néng gàosu nǐ zhè jiàn shì.

51 ～してもいいです。	**可以～。**	◀)) c_051
いいです。	可以。	Kěyǐ.
写真をとってもいいです。	可以 照相。	Kěyǐ zhàoxiàng.
ここは写真をとってもいいです。	这儿 可以 照相。	Zhèr kěyǐ zhàoxiàng.
Ａ ここで写真を撮ってもいいですか。	这儿 可以 照相 吗？	Zhèr kěyǐ zhàoxiàng ma?
Ｂ いいですよ。	可以。	Kěyǐ.

52 ～してもいいですか。	**可以～吗?**	◀)) c_052
いいですか。	可以 吗?	Kěyǐ ma?
試着してもいいですか。	可以 试 穿 吗?	Kěyǐ shì chuān ma?
ちょっと試着してもいいですか。	可以 试 穿 一下 吗?	Kěyǐ shì chuān yíxià ma?
Ａ ちょっと試してみてもいいですか。	可以 试试 吗？	Kěyǐ shìshi ma?
Ｂ もちろんです。	当然 可以。	Dāngrán kěyǐ.

㊾ ～かもしれません。　可能～。　◀)) c_053

あるかもしれません。	可能 有。	Kěnéng yǒu.
ないかもしれません。	可能 没 有。	Kěnéng méi yǒu.
売っていないかもしれません。	可能 没 有 卖 的。	Kěnéng méi yǒu mài de.
A 彼にはガールフレンドがいますか。	他 有 女 朋友 吗？	Tā yǒu nǚ péngyou ma?
B たぶんいます。	可能 有。	Kěnéng yǒu.

㊿ ～のはずがありません。　不可能～。　◀)) c_054

ありえないです。	不 可能。	Bù kěnéng.
彼は言うはずがありません。	他 不 可能 说。	Tā bù kěnéng shuō.
彼はこのように言うはずがありません。	他 不 可能 这么 说。	Tā bù kěnéng zhème shuō.
A 彼は病気だそうです。	听说 他 有 病 了。	Tīngshuō tā yǒu bìng le.
B まさか。	不 可能。	Bù kěnéng.

㊱ ～するつもりです。　打算～。　◀)) c_055

私は行くつもりです。	我 打算 去。	Wǒ dǎsuàn qù.
私は出張に行くつもりです。	我 打算 去 出差。	Wǒ dǎsuàn qù chūchāi.
私は来週、出張に行くつもりです。	我 打算 下星期 去 出差。	Wǒ dǎsuàn xiàxīngqī qù chūchāi.
A あなたはいつ行く予定ですか。	你 打算 什么 时候 去？	Nǐ dǎsuàn shénme shíhou qù?
B 来週行く予定です。	我 打算 下星期 去。	Wǒ dǎsuàn xiàxīngqī qù.

⑤⑥ きっと〜です。 **一定〜。**		🔊 c_056
きっと来ます。	一定 来。	Yídìng lái.
明日はきっと来ます。	明天 一定 来。	Míngtiān yídìng lái.
明日は是非来てください。	你 明天 一定 要 来。	Nǐ míngtiān yídìng yào lái.
Ⓐ明日来ますか。	你 明天 来 不 来？	Nǐ míngtiān lái bu lái?
Ⓑかならず来ますよ。	我 明天 一定 来。	Wǒ míngtiān yídìng lái.

⑤⑦ 〜したことがあります。 **動詞＋过。**		🔊 c_057
私は行ったことがあります。	我 去 过。	Wǒ qù guo.
私は行ったことがありません。	我 没 去 过。	Wǒ méi qù guo.
私はそこに行ったことがありません。	我 没 去 过 那儿。	Wǒ méi qù guo nàr.
Ⓐ杭州に行ったことがありますか。	你 去 过 杭州 吗？	Nǐ qù guo Hángzhōu ma?
Ⓑありません。	我 没 去 过。	Wǒ méi qù guo.

⑤⑧ 〜してあります。 **動詞＋着。**		🔊 c_058
書いてあります。	写 着。	Xiě zhe.
字が書いてあります。	写 着 字。	Xiě zhe zì.
黒板に字が書いてあります。	黑板 上 写 着 字。	Hēibǎn shang xiě zhe zì.
Ⓐ黒板に何が書いてありますか。	黑板 上 写 着 什么？	Hēibǎn shang xiě zhe shénme?
Ⓑ漢詩が書いてあります。	写 着 一 首 唐诗。	Xiě zhe yì shǒu tángshī.

59 もう～しました。　已经～了。　🔊 c_059

もう十歳になりました。	已经十岁了。	Yǐjīng shí suì le.
私はもう四十歳になりました。	我已经四十岁了。	Wǒ yǐjīng sìshí suì le.
私は今年でもう四十歳になりました。	我今年已经四十岁了。	Wǒ jīnnián yǐjīng sìshí suì le.
A お子さんはいくつですか。	你孩子多大了？	Nǐ háizi duō dà le?
B もう十八歳になりました。	他已经十八岁了。	Tā yǐjīng shíbā suì le.

60 まだ～していません。　还没～。　🔊 c_060

まだ終わっていません。	还没完。	Hái méi wán.
仕事はまだ終わっていません。	工作还没做完。	Gōngzuò hái méi zuò wán.
今日の仕事はまだ終わっていません。	今天的工作还没做完。	Jīntiān de gōngzuò hái méi zuò wán.
A お仕事は終わりましたか。	工作做完了吗？	Gōngzuò zuò wán le ma?
B まだです。	还没做完。	Hái méi zuò wán.

61 A は B より～です。　A比B～。　🔊 c_061

それより大きいです。	比那个大。	Bǐ nèige dà.
これはそれより大きいです。	这个比那个大。	Zhèige bǐ nèige dà.
これはそれより少し大きいです。	这个比那个大一点儿。	Zhèige bǐ nèige dà yìdiǎnr.
A これはあれよりどのくらい大きいですか。	这个比那个大多少？	Zhèige bǐ nèige dà duōshao?
B 少し大きいです。	比那个大一点儿。	Bǐ nèige dà yìdiǎnr.

㉒ AはBほど〜ではありません。　A 没有 B 〜。

🔊 c_062

北京ほど寒くはありません。	没有 北京 冷。	Méi yǒu Běijīng lěng.
東京は北京ほど寒くはありません。	东京 没有 北京 冷。	Dōngjīng méi yǒu Běijīng lěng.
東京は北京のようにそんなに寒くはありません。	东京 没有 北京 那么 冷。	Dōngjīng méi yǒu Běijīng nàme lěng.
Ａ 東京は北京より寒いですか。	东京 比 北京 冷 吗？	Dōngjīng bǐ Běijīng lěng ma?
Ｂ 北京ほど寒くありません。	没有 北京 冷。	Méiyǒu Běijīng lěng.

㉓ 〜と同じく…です。　跟〜一样…。

🔊 c_063

彼女と同じです。	跟 她 一样。	Gēn tā yíyàng.
彼女と同じくきれいです。	跟 她 一样 漂亮。	Gēn tā yíyàng piàoliang.
妹は彼女と同じくきれいです。	妹妹 跟 她 一样 漂亮。	Mèimei gēn tā yíyàng piàoliang.
Ａ 妹は姉よりきれいですか。	妹妹 比 姐姐 漂亮 吗？	Mèimei bǐ jiějie piàoliang ma?
Ｂ お姉さんと同じくらいきれいです。	跟 姐姐 一样 漂亮。	Gēn jiějie yíyàng piàoliang.

㉔ 〜といっしょに…します。　跟〜一起…。

🔊 c_064

あなたといっしょに。	跟 你 一起。	Gēn nǐ yìqǐ.
あなたといっしょに行きます。	跟 你 一起 去。	Gēn nǐ yìqǐ qù.
私はあなたといっしょに食事に行きます。	我 跟 你 一起 去 吃饭。	Wǒ gēn nǐ yìqǐ qù chī fàn.
Ａ だれと一緒に行きますか。	你 跟 谁 一起 去？	Nǐ gēn shéi yìqǐ qù?
Ｂ 田中さんと一緒に行きます。	我 跟 田中 一起 去。	Wǒ gēn Tiánzhōng yìqǐ qù.

⑥⑤ 少し〜です。① 　有点儿〜。　🔊 c_065

少し寒いです。	有点儿 冷。	Yǒudiǎnr lěng.
今日は少し寒いです。	今天 有点儿 冷。	Jīntiān yǒudiǎnr lěng.
今日は、外は少し寒いです。	今天 外边儿 有点儿 冷。	Jīntiān wàibianr yǒudiǎn lěng.
A そちらの天気はどうですか。	那儿 的 天气 怎么样？	Nàr de tiānqì zěnmeyàng?
B 少し寒いです。	有点儿 冷。	Yǒudiǎnr lěng.

⑥⑥ 少し〜です。② 　〜一点儿。　🔊 c_066

少し飲みます。	喝 一点儿。	Hē yìdiǎnr.
お酒を少し飲みます。	喝 一点儿 酒。	Hē yìdiǎnr jiǔ.
私はワインを少し飲みたいです。	我 想 喝 一点儿 葡萄酒。	Wǒ xiǎng hē yìdiǎnr pútao jiǔ.
A どんなお酒を飲みたいですか。	你 想 喝 什么 酒？	Nǐ xiǎng hē shénme jiǔ?
B ビールを少し飲みたいです。	我 想 喝 一点儿 啤酒。	Wǒ xiǎng hē yìdiǎnr píjiǔ.

⑥⑦ 〜されました。 　被〜了。　🔊 c_067

殴られます。	被 打。	Bèi dǎ.
兄に殴られました。	被 哥哥 打 了。	Bèi gēge dǎ le.
弟は兄に殴られました。	弟弟 被 哥哥 打 了。	Dìdi bèi gēge dǎ le.
A この子はだれにぶたれたのですか。	这个 孩子 被 谁 打 了？	Zhèige háizi bèi shéi dǎ le?
B お兄ちゃんにぶたれました。	被 哥哥 打 了。	Bèi gēge dǎ le.

彼に行かせます。	让他去。	Ràng tā qù.
会社は彼に行かせます。	公司让他去。	Gōngsī ràng tā qù.
会社は彼を出張に行かせます。	公司让他去出差。	Gōngsī ràng tā qù chūchāi.
Ⓐ会社は彼に何をさせるのですか。	公司让他做什么？	Gōngsī ràng tā zuò shénme?
▶Ⓑ出張に行かせます。	让他去出差。	Ràng tā qù chūchāi.

⑲ 〜しないでください。① 　不要〜。　🔊) c_069

焦らないでください。	不要着急。	Bú yào zháojí.
絶対に焦らないでください。	千万不要着急。	Qiānwàn bú yào zháojí.
どうか絶対に焦らないでください。	请你千万不要着急。	Qǐng nǐ qiānwàn bú yào zháojí.
Ⓐ私の財布がなくなりました。	我的钱包没有了。	Wǒ de qiánbāo méiyǒu le.
▶Ⓑ焦らないで。	不要着急。	Bú yào zháojí.

⑳ 〜しないでください。② 　别〜。　🔊) c_070

言わないでください。	别说。	Bié shuō.
話をしないでください。	别说话。	Bié shuō huà.
嘘をつかないでください。	别说谎话。	Bié shuō huǎnghuà.
Ⓐどうしましたか。	你怎么了？	Nǐ zěnme le?
▶Ⓑ聞かないでください。	别问了。	Bié wèn le.

⑦ ～のようです。　好像～ 🔊 c_071

来るようです。	好像 来。	Hǎoxiàng lái.
来ないようです。	好像 不 来。	Hǎoxiàng bù lái.
彼女は私の家に来ないようです。	她 好像 不 来 我 家。	Tā hǎoxiàng bù lái wǒ jiā.
Ａ 彼女はお宅へ来ますか。	她 来 你 家 吗？	Tā lái nǐ jiā ma?
Ｂ どうやら来ないようです。	好像 不 来。	Hǎoxiàng bù lái.

⑦ ますます～。　越 来 越～。 🔊 c_072

ますますよくなります。	越 来 越 好。	Yuè lái yuè hǎo.
ますます悪くなります。	越 来 越 不 好。	Yuè lái yuè bù hǎo.
状況がますます悪くなります。	情况 越 来 越 不 好。	Qíngkuàng yuè lái yuè bù hǎo.
Ａ 状況はどうですか。	情况 怎么样？	Qíngkuàng zěnmeyàng?
Ｂ だんだん良くなりました。	越 来 越 好 了。	Yuè lái yuè hǎo le.

⑦ ～から　从～ 🔊 c_073

ここから。	从 这儿。	Cóng zhèr.
ここから行きます。	从 这儿 走。	Cóng zhèr zǒu.
私たちはここから行きましょう。	我们 从 这儿 走 吧。	Wǒmen cóng zhèr zǒu ba.
Ａ 我々はどこから行きますか。	咱们 从 哪儿 走？	Zánmen cóng nǎr zǒu?
Ｂ ここから行きましょう。	从 这儿 走 吧。	Cóng zhèr zǒu ba.

そこまで。	到 那儿。	Dào nàr.
ここからそこまで。	从 这儿 到 那儿。	Cóng zhèr dào nàr.
ここからそこまではあまり遠くありません。	从 这儿 到 那儿 不 太 远。	Cóng zhèr dào nàr bú tài yuǎn.
Ⓐここからそこまで遠いですか。	从 这儿 到 那儿 远 吗？	Cóng zhèr dào dàr yuǎn ma?
Ⓑそれほど遠くありません。	不 太 远。	Bú tài yuǎn.

🕖 ～が必要です。　需要～。

私は必要です。	我 需要。	Wǒ xūyào.
私は助けが必要です。	我 需要 帮助。	Wǒ xūyào bāngzhù.
私はあなたの助けが必要です。	我 需要 你 的 帮助。	Wǒ xūyào nǐ de bāngzhù.
Ⓐお一人で大丈夫ですか。	你 一 个 人 没 问题 吗？	Nǐ yí ge rén méi wèntí ma?
Ⓑ助けてほしいです。	我 需要 你 的 帮助。	Wǒ xūyào nǐ de bāngzhù.

🕖 ～に興味があります。　对～感 兴趣。

興味があります。	感 兴趣。	Gǎn xìngqu.
中国に興味があります。	对 中国 感 兴趣。	Duì Zhōngguó gǎn xìngqu.
中国の文化に興味があります。	我 对 中国 文化 感 兴趣。	Wǒ duì Zhōngguó wénhuà gǎn xìngqu.
Ⓐ何に興味がありますか。	你 对 什么 感 兴趣？	Nǐ duì shénme gǎn xìngqu?
Ⓑ歴史に興味があります。	我 对 历史 感 兴趣。	Wǒ duì lìshǐ gǎn xìngqu.

⑦ 何ですか。 **什么?** 🔊》 c_077

何ですか。	什么？	Shénme?
これは何ですか。	这 是 什么？	Zhè shì shénme?
これはどういう意味ですか。	这 是 什么 意思？	Zhè shì shénme yìsi?
A これはどういう意味ですか。	这 是 什么 意思？	Zhè shì shénme yìsi?
B 私もよく分かりません。	我 也 不 太 明白。	Wǒ yě bú tài míngbai.

⑦ どれですか。 **哪个?** 🔊》 c_078

あなたはどれがほしいですか。	你 要 哪个？	Nǐ yào něige?
あなたはどの料理がいいですか。	你 要 哪个 菜？	Nǐ yào něige cài?
すみません、あなたはどの料理がいいですか。	请 问，你 要 哪个 菜？	Qǐng wèn, nǐ yào něige cài?
A どの料理が欲しいですか。	你 要 哪个 菜？	Nǐ yào něige cài?
B マーボー豆腐が欲しいです。	我 要 麻婆 豆腐。	Wǒ yào mápó dòufu.

⑦ 何を～しますか。① **動詞＋什么?** 🔊》 c_079

何を食べますか。	吃 什么？	Chī shénme?
あなたは何を食べますか。	你 吃 什么？	Nǐ chī shénme?
あなたは何が食べたいですか。	你 想 吃 什么？	Nǐ xiǎng chī shénme?
A 何が食べたいのですか。	你 想 吃 什么？	Nǐ xiǎng chī shénme?
B 北京ダックが食べたいです。	我 想 吃 北京 烤鸭。	Wǒ xiǎng chī Běijīng kǎoyā.

何をしますか。	做 什么？	Zuò shénme?
あなたは何をするつもりですか。	你 打算 做 什么？	Nǐ dǎsuàn zuò shénme?
週末あなたは何をするつもりですか。	周末 你 打算 做 什么？	Zhōumò nǐ dǎsuàn zuò shénme?
A 週末何をする予定ですか。	周末 你 打算 做 什么？	Zhōumò nǐ dǎsuàn zuò shénme?
B 山登りに行くつもりです。	我 打算 去 爬山。	Wǒ dǎsuàn qù páshān.

⑧ どこですか。① 　**什么 地方？**　🔊 c_081

どこですか。	什么 地方？	Shénme dìfang?
どこに行ったことがありますか。	去 过 什么 地方？	Qù guo shénme dìfang?
あなたは中国のどこに行ったことがありますか。	你 去 过 中国 的 什么 地方？	Nǐ qù guo Zhōngguó de shénme dìfang?
A 中国のどこへ行ったことがありますか。	你 去 过 中国 的 什么 地方？	Nǐ qù guo Zhōngguó de shénme dìfang?
B 北京と上海です。	北京 和 上海。	Běijīng hé Shànghǎi.

⑧ どこですか。② 　**哪儿？**　🔊 c_082

どこですか。	在 哪儿？	Zài nǎr?
あなたはどこで勉強しますか。	你 在 哪儿 学？	Nǐ zài nǎr xué?
あなたはどこで中国語を勉強しますか。	你 在 哪儿 学 汉语？	Nǐ zài nǎr xué Hànyǔ?
A どこで中国語を勉強していますか。	你 在 哪儿 学 汉语？	Nǐ zài nǎr xué Hànyǔ?
B 大学です。	在 大学。	Zài dàxué.

㉘ いつ〜しますか。① 什么 时候〜？ 🔊 c_083

いつですか。	什么 时候？	Shénme shíhou?
いつ始まりますか。	什么 时候 开始？	Shénme shíhou kāishǐ?
私たちはいつ始めますか。	我们 什么 时候 开始？	Wǒmen shénme shíhou kāishǐ?
Ａ いつお仕事を始めますか。	你 什么 时候 开始 工作？	Nǐ shénme shíhou kāishǐ gōngzuò?
Ｂ 来月から始めます。	下 个 月 开始。	Xià ge yuè kāishǐ.

㉙ いつ（何時に）〜しますか。② 什么 时间〜？ 🔊 c_084

何時ですか。	什么 时间？	Shénme shíjiān?
何時に到着しますか。	什么 时间 到达？	Shénme shíjiān dàodá?
飛行機は何時に到着しますか。	飞机 什么 时间 到达？	Fēijī shénme shíjiān dàodá?
Ａ 飛行機はいつ成田空港に到着しますか。	飞机 什么 时间 到达 成田 机场？	Fēijī shénme shíjiān dàodá Chéngtián jīchǎng?
Ｂ 午後２時半です。	下午 两 点 半。	Xiàwǔ liǎng diǎn bàn.

㉚ 誰ですか。 谁？ 🔊 c_085

誰ですか。	谁？	Shéi?
彼は誰ですか。	他 是 谁？	Tā shì shéi?
彼は誰の子どもですか。	他 是 谁 的 孩子？	Tā shì shéi de háizi?
Ａ あの子はだれのお子さんですか。	他 是 谁 的 孩子？	Tā shì shéi de háizi?
Ｂ 同僚のお子さんです。	是 我 同事 的。	Shì wǒ tóngshì de.

⑧⑥ 誰がしますか。　谁+動詞？　◀》c_086

誰がしますか。	谁 做？	Shéi zuò?
誰が作ったのですか。	是 谁 做 的？	Shì shéi zuò de?
これは誰が作ったのですか。	这 是 谁 做 的？	Zhè shì shéi zuò de?
Ａこれはだれが作ったケーキですか。	这 是 谁 做 的 蛋糕？	Zhè shì shéi zuò de dàngāo?
Ｂ妻が作りました。	是 我 妻子 做 的。	Shì wǒ qīzi zuò de.

⑧⑦ どうして～なのですか。　怎么～？　◀》c_087

どうして。	怎么？	Zěnme?
どうしていまさら来たのですか。	怎么 才 来？	Zěnme cái lái?
あなたたちはどうして今頃来たのですか。	你们 怎么 才 来？	Nǐmen zěnme cái lái?
Ａあなたたちはなぜこんな時間に来たのですか。	你们 怎么 才 来？	Nǐmen zěnme cái lái?
Ｂすみません、電車が遅れました。	对不起，电车 晚点 了。	Duìbuqǐ, diànchē wǎndiǎn le.

⑧⑧ なぜ～なのですか。　为什么～？　◀》c_088

なぜですか。	为 什么？	Wèi shénme?
なぜ来ないのですか。	为 什么 不 来？	Wèi shénme bù lái?
彼女はなぜ来ないのですか。	她 为 什么 不 来？	Tā wèi shénme bù lái?
Ａ彼女はなぜ来ないのですか。	她 为 什么 不 来？	Tā wèi shénme bù lái?
Ｂ風邪を引いたそうです。	听说 她 感冒 了。	Tīngshuō tā gǎnmào le.

89 どのように〜するのですか。① 怎么〜? 🔊 c_089

どのように来ますか。	怎么 来?	Zěnme lái?
どのように来たのですか。	是 怎么 来 的?	Shì zěnme lái de?
あなたたちはどのように来たのですか。	你们 是 怎么 来 的?	Nǐmen shì zěnme lái de?
A どうやって来たのですか。	你们 是 怎么 来 的?	Nǐmen shì zěnme lái de?
B タクシーで来ました。	坐 出租车 来 的。	Zuò chūzūchē lái de.

90 どのように〜するのですか。② 怎么〜? 🔊 c_090

どうしますか。	怎么 办?	Zěnme bàn?
私たちはどうしますか。	我们 怎么 办?	Wǒmen zěnme bàn?
私たちはどうすればいいですか。	我们 怎么 办 才 好?	Wǒmen zěnme bàn cái hǎo?
A 我々はどうしたら良いでしょう。	我们 怎么 办 呢?	Wǒmen zěnme bàn ne?
B ちょっと考えさせてください。	让 我 想想 吧。	Ràng wǒ xiǎngxiang ba.

91 何個ですか。 几个? 🔊 c_091

何個ですか。	几 个?	Jǐ ge?
何個いりますか。	要 几 个?	Yào jǐ ge?
あなたは何個いりますか。	你 想 要 几 个?	Nǐ xiǎng yào jǐ ge?
A 何個欲しいですか。	你 想 要 几 个?	Nǐ xiǎng yào jǐ ge?
B 六個欲しい。	我 要 六 个。	Wǒ yào liù ge.

92 何人ですか。	几个人?	🔊 c_092
何人ですか。	几个人？	Jǐ ge rén?
何人いますか。	有几个人？	Yǒu jǐ ge rén?
合わせて何人いますか。	一共 有 几 个 人？	Yígòng yǒu jǐ ge rén?
A 全部で何名様ですか。	你们 一共 几 个 人？	Nǐmen yígòng jǐ ge rén?
B 全部で十人です。	一共 十 个 人。	Yígòng shí ge rén.

93 ～はいくらですか。	～多少 钱？	🔊 c_093
いくらですか。	多少钱？	Duōshao qián?
合計でいくらですか。	一共 多少 钱？	Yígòng duōshao qián?
これらは合計でいくらで すか。	这些 一共 多少 钱？	Zhèxiē yígòng duōshao qián?
A これらは全部でいくら ですか。	这些 一共 多少 钱？	Zhèxiē yígòng duōshao qián?
B 全部で三百六十元です。	一共 三百 六十 块。	Yígòng sānbǎi liùshí kuài.

94 どのくらい～ですか。	多长～？	🔊 c_094
どのくらいの時間ですか。	多长 时间？	Duō cháng shíjiān?
どのくらいかかりますか。	需要 多长 时间？	Xūyào duō cháng shíjiān?
空港までどのくらいかか りますか。	到 机场 需要 多长 时间？	Dào jīchǎng xūyào duō cháng shíjiān?
A 空港からホテルまでど のくらいかかりますか。	从 机场 到 饭店 需要 多长 时间？	Cóng jīchǎng dào fàndiàn xūyào duō cháng shíjiān?
B 大体一時間ぐらいです。	大概 一 个 小时 左右。	Dàgài yí ge xiǎoshí zuǒyòu.

(95) 何時ですか。 几点？

c_095

何時ですか。	几点？	Jǐ diǎn?
何時に仕事が終わりますか。	几点下班?	Jǐ diǎn xià bān?
あなたは毎日何時に仕事が終わりますか。	你每天几点下班?	Nǐ měitiān jǐ diǎn xià bān?
A 毎日何時に出勤しますか。	你每天几点上班？	Nǐ měitiān jǐ diǎn shàngbān?
B 八時四十五分です。	八点三刻。	Bā diǎn sān kè.

(96) 何回ですか。 几次？

c_096

何回ですか。	几次？	Jǐ cì?
何回来たことがありますか。	来过几次？	Lái guo jǐ cì?
彼女は日本に何回来たことがありますか。	她来过几次日本？	Tā lái guo jǐ cì Rìběn?
A 日本には何回来たことがありますか。	你来过几次日本？	Nǐ lái guo jǐ cì Rìběn?
B 今回が初めてです。	这是第一次。	Zhè shì dì yī cì.

(97) 何曜日ですか。 星期几？

c_097

何曜日ですか。	星期几?	Xīngqī jǐ?
何曜日に来ますか。	星期几来?	Xīngqī jǐ lái?
あなたは何曜日に会社に来ますか。	你星期几来公司?	Nǐ xīngqī jǐ lái gōngsī?
A お休みは何曜日ですか。	你星期几休息？	Nǐ xīngqījǐ xiūxi?
B 土日です。	星期六和星期天。	Xīngqīliù hé xīngqītiān.

98

何月何日ですか。 **几月几号？** 🔊) c_098

何日ですか。	几号？	Jǐ hào?
何月何日ですか。	几月几号？	Jǐ yuè jǐ hào?
何月何日何曜日ですか。	几月几号星期几？	Jǐ yuè jǐ hào xīngqī jǐ?
Ａ お誕生日は何月何日ですか。	你的生日是几月几号？	Nǐ de shēngrì shì jǐ yuè jǐ hào?
Ｂ 十月一日です。	十月一号。	Shí yuè yī hào.

おいくつですか。 **多大？** 🔊) c_099

おいくつですか。	多大？	Duō dà?
あなたはおいくつですか。	你多大了？	Nǐ duō dà le?
あなたはおいくつでいらっしゃいますか。	您多大年纪了？	Nín duō dà niánjì le?
Ａ お父様はおいくつですか。	你父亲今年多大年纪了？	Nǐ fùqin jīnnián duō dà niánjì le?
Ｂ 八十九歳になりました。	八十九岁了。	Bāshijiǔ suì le.

100

どのくらい長いですか。 **多长？** 🔊) c_100

どのくらい長いですか。	多长？	Duō cháng?
どのくらいの長さがありますか。	有多长？	Yǒu duō cháng?
万里の長城はどのくらい長いですか。	长城有多长？	Chángchéng yǒu duō cháng?
Ａ 長江はどのくらい長いですか。	长江有多长？	Chángjiāng yǒu duō cháng?
Ｂ 約六千三百キロ余りです。	大约六千三百多公里。	Dàyuē liùqiān sānbǎi duō gōnglǐ.

電子版とダウンロードの方法

音声ダウンロード不要
ワンクリックで音声再生！

パソコンやスマホに電子版を
無料でダウンロードして、
テキストを見ながら音声も
聞くことができます。

電子版ダウンロードには
クーポンコードが必要です

詳しい手順は下記をご覧ください。
QRコードよりアクセスも可能です。

電子版：無料引き換えコード
C21004
有効期限：2025年12月31日

ブラウザベース（HTML5形式）でご利用いた
だけます。

★スターティアラボ社 ActiBook電子書籍
（音声と映像付）です。

●対応機種
・PC（Windows/Mac） ・iOS（iPhone/iPad）
・Android（タブレット、スマート フォン）

電子版ダウンロードの手順

電子版
無料

❶コスモピア・オンラインショップにアクセスしてください。
（無料ですが、会員登録が必要です）

https://www.cosmopier.net/shop/

❷ログイン後、左側の「カテゴリ」のいちばん下「電子書
籍」をクリックしてください。

❸「保存版 キーワードでアメリカと世界を読む 完全版売電大統領就任演
説」をクリックし、画面下の「カートに加える」をクリックしてください。

❹カートの内容をご確認のうえ、「注文手続きへ」をクリック。

❺画面中央の「割引クーポン」の項目の欄にクーポンコード
C21004を入れ、「注文手続き」をクリックしてください。

❻ご注文完了後、「マイページ」に電子書籍が登録されます。

【著者プロフィール】

劉　雅新（リュウ　ガシン）

北京首都師範大学日本語学部卒業。1988 年来日。横浜国立大学大学院教育学部社会学科修了後、通産省・警視庁・津田塾・丸紅・富士通・NEC・三菱自動車・リコー・コニカ・日立・新日鉄ソリューションズ・富士ゼロックス・富士フィルム等大手企業で中国語講師を歴任。現在、慶應義塾大学、成蹊大学、成城大学、慶應義塾高等学校非常勤講師を務めている。

増補改訂版

音が見える！
中国語発音がしっかり身につく本

2015 年 1 月 10 日　第 1 版第 1 刷発行
2018 年 8 月 10 日　新装版　第 1 版第 1 刷発行
2021 年 4 月 30 日　増補改訂版　第 1 版第 1 刷発行

著者：劉　雅新

装丁・本文デザイン：松本田鶴子

イラスト：森　邦生

ナレーション：翟　啓麗、畢　文涛、相沢麻美

発行人：坂本由子
発行所：コスモピア株式会社
　　　　〒 151-0053　東京都渋谷区代々木 4-36-4　MC ビル 2F

営業部：TEL: 03-5302-8378 email: mas@cosmopier.com
編集部：TEL: 03-5302-8379 email: editorial@cosmopier.com

https://www.cosmopier.com/　[コスモピア・全般]
https://www.e-st.cosmopier.com/　[コスモピア e ステーション]
https://www.kids-ebc.com/　[子ども英語ブッククラブ]

印刷：シナノ印刷株式会社

劉 雅新先生の「中国語発音体験レッスン」のご案内

　劉雅新先生が、日本人が苦手とする中国語の音声の中でも、特に [e] の音にしぼって、YouTube 上で 20 分ほどワンポイント体験レッスンをしてくださいます。

　[e] は日本語にはない音で、中国語の発音を学ぶ上で、誰もが最初の難関だと感じているあいまい母音です。「単母音」「複母音」「鼻母音」の [e] を一緒にレッスンしていきます。ぜひ、お聞きになってみてください。

> **春暁**　孟浩然（唐代の詩人）
>
> 春眠不覚暁
> 処処聞啼鸟
> 夜来风雨声
> 花落知多少

http://bit.do/Leu-Lesson

＼＼ 本誌のご意見・ご感想をお聞かせください！／／

本書をお買い上げいただき、誠にありがとうございます。今後の出版の参考にさせていただきたく、ぜひ、ご意見・ご感想をお聞かせください。（PC またはスマートフォンで下記のアンケートフォームよりお願いいたします）

アンケートにお答えいただいた方の中から抽選で毎月 10 名の方に、コスモピア・オンラインショップ（https://www.cosmopier.net/shop/）でお使いいただける 500 円のクーポンを差し上げます。
当選メールをもって発表にかえさせていただきます。

https://forms.gle/YxhZ3DfJM8TQZNxV7